李川川　桑百川　著

中国国际投资报告（2024）：
东南亚篇

经济日报出版社

北京

图书在版编目（CIP）数据

中国国际投资报告. 2024. 东南亚篇 / 李川川，桑百川著. -- 北京：经济日报出版社，2025.1
ISBN 978-7-5196-1413-3

Ⅰ. ①中… Ⅱ. ①李… ②桑… Ⅲ. ①企业－海外投资－研究报告－中国 Ⅳ. ①F279.235.6

中国国家版本馆CIP数据核字（2023）第256535号

中国国际投资报告（2024）：东南亚篇
ZHONGGUO GUOJI TOUZI BAOGAO（2024）：DONGNANYA PIAN

李川川　桑百川　著

出版发行： 经济日报 出版社

地　　址：	北京市西城区白纸坊东街2号院6号楼
邮　　编：	100054
经　　销：	全国各地新华书店
印　　刷：	三河市国英印务有限公司
开　　本：	710mm×1000mm　1/16
印　　张：	7.25
字　　数：	105千字
版　　次：	2025年1月第1版
印　　次：	2025年1月第1次
定　　价：	36.00元

本社网址：www.edpbook.com.cn，微信公众号：经济日报出版社
请选用正版图书，采购、销售盗版图书属违法行为
版权专有，盗版必究。本社法律顾问：北京天驰君泰律师事务所，张杰律师
举报信箱：zhangjie@tiantailaw.com　　举报电话：（010）63567684
本书如有印装质量问题，由我社事业发展中心负责调换，联系电话：（010）63538621

前　言

参与国际投资是中国融入世界贸易市场的重要方式，中国不仅是吸引外资大国，也是对外投资大国，兼备东道国和投资国的双重身份。《2022年度中国对外直接投资统计公报》显示，2022年中国对外直接投资流量1 631.2亿美元，为全球第2位，并已连续11年位列全球前三，连续7年占全球份额超过一成。2022年末，中国对外直接投资存量达2.75万亿美元，连续六年位列全球前三。截至2022年底，中国境内投资者共在全球190个国家和地区设立境外企业4.7万家，近60%分布在亚洲，北美洲占13%，欧洲占10.2%，拉丁美洲占7.9%，非洲占7.1%，大洋洲占2.6%，其中在共建"一带一路"国家设立境外企业1.6万家。中国对外直接投资涵盖了国民经济的18个行业大类，流向租赁和商务服务、制造、金融、批发零售、采矿、交通运输等领域的投资均超过百亿美元。

投资发展路径（IDP）理论指出，一国的经济发展过程与该国在国际资本流动中的地位具有系统相关性。随着一个国家或地区经济水平的上升，其对外直接投资发展速度开始加快。2013年后，由于对外开放的不断深化，中国开始探索深层次改革与构建高水平对外开放的新发展模式，对外投资逐渐成为中国经济可持续发展的重要动力之一，越来越多的中国企业走向世界。换言之，中国企业的对外投资大潮，是中国经济发展到一定阶段的必然产物，是中国经济转型升级的自然延伸，也是推动国内经济转型和升级的重要途径。

近年来对外投资成为中国企业优化全球资源配置的重要方式之一。对外投资不仅可以促进企业获取新的海外资源，开拓新的外部市场，更可以使其通过逆向技术溢出效应吸收先进技术和管理经验，进而显著提升企业自身的国际竞争力。此外，对外投资能够推动中国产业在全球价值链中地位的上升，更好带动和引领国内国际双循环，提高中国经济韧性。作为世界第二大经济体，中国企业对外投资的增长不仅是资本的流动和经济活动的扩展，更是中国融入全球产业链结构、参与全球经济治理、塑造国际经济规则的体现。

中国企业对外投资的战略布局在促进中国企业国际化进程的同时，也推动了当地经济的发展。数据显示，2022年，境外企业向投资所在地纳税750亿美元，同比增长35.1%。2022年末，境外企业员工总数超410万人，其中雇用外方员工近250万人。当年对外投资带动货物进出口2566亿美元。非金融类境外企业实现销售收入3.5万亿美元，同比增长14.4%。中国企业在海外的投资项目往往涉及基础设施建设、能源资源、高新技术等多个领域，这些项目对于改善当地的生产条件和促进产业链的完善具有重要意义，为东道国带来了更多的资本、就业机会及技术革新。

当然，中国企业在对外投资方面同样存在挑战。在海外的经营活动中，中国企业面临着文化差异、政治风险、法律框架以及市场准入等问题。如何在尊重东道国利益的同时实现自身发展最大化的目标，是中国企业在对外投资中必须面对的重大课题。《中国国际投资报告（2024）：东南亚篇》（以下简称"本书"）通过总结中国企业在越南、泰国和新加坡的经营情况以及对外投资的最新动态，深入剖析中国海外投资的现状、趋势和问题，了解中国企业的海外经营策略、市场适应能力以及如何在不同的法律和文化环境中坚持正确的经营方向。

本书旨在帮助中国企业识别潜在风险和机遇，不断扩大海外市场，同时为政府和有关机构的规划、决策提供数据支持和科学依据。在当前国际投资环境中，对中国海外投资活动的误解和偏见可能导致不必要的政治和经济摩擦。通过客观的数据和分析，本书还有助于向国际社会传递中国对外投资的原则、目的和成就，塑造国家形象，促使国际社会以更加客观、公正和全面的视角看待中国的海外投资。

总之，中国企业的对外投资是中国深化开放、推动新一轮高水平开放的重要途径。它不仅给中国企业的长远发展注入了新的动力，推动中国的产业升级和结构调整，助力中国经济由高速增长转向高质量增长，同时，也为全球经济的均衡发展作出了贡献。

最后，本书受到教育部人文社会科学研究一般项目（24YJC790088）的资助，同时特别感谢庄芮、李计广、李玉梅、杨立强、太平、刘灿雷、孙倩、杜婕、段科宇、高贤美、宫方茗、李萌、刘睿思、慕富宇、潘倩、吴晓媛、武云欣、叶健、于淼、张华和赵子薇在本书编写过程中的支持与付出。本书于2023年底完成初稿，其中主要投资数据统计截至2022年，书中难免存在遗漏之处，文责由编者自负。

作者
2024年6月

目 录

第一章 全球及中国对外直接投资的动态 ·········· 1
  第一节 全球对外直接投资总体情况 ·········· 3
  第二节 全球对外直接投资特征 ·········· 5
  第三节 中国对外直接投资发展历程 ·········· 9
  第四节 中国对外直接投资的发展布局 ·········· 13

第二章 中国企业对越南投资的现状与展望 ·········· 17
  第一节 中国企业对越南投资发展历史及现状 ·········· 19
  第二节 中国企业在越南的经营绩效分析 ·········· 26
  第三节 境外园区投资——越南龙江工业园 ·········· 32
  第四节 中国企业对越南投资存在的优势及问题 ·········· 38
  第五节 中国企业对越南投资趋势展望 ·········· 42

第三章 中国企业对泰国投资的现状与展望 ·········· 47
  第一节 中国企业对泰国投资发展历史及现状 ·········· 50
  第二节 中国境内投资者特征分析 ·········· 54
  第三节 中国企业在泰国的经营绩效分析 ·········· 57
  第四节 中国企业对泰国投资趋势展望 ·········· 75

第四章　中国企业对新加坡投资的现状与展望 …………………… 79
　第一节　中国企业对新加坡投资发展历史及现状 ………………… 81
　第二节　中国企业在新加坡的经营绩效分析 ……………………… 85
　第三节　中国企业对新加坡投资的优势与机遇 …………………… 93
　第四节　中国企业对新加坡投资面临的风险与挑战 ……………… 96
　第五节　中国企业对新加坡投资趋势展望 ………………………… 100

参考文献 ……………………………………………………………… 104
后记 …………………………………………………………………… 107

第一章
全球及中国对外直接投资的动态

第一章　全球及中国对外直接投资的动态

第一节　全球对外直接投资总体情况

根据联合国统计数据，2022年，全球对外直接投资（OFDI）流量约为1.5万亿美元，其中绿地投资占比63%，跨境并购占比37%。较2021年强劲反弹的全球投资下降12%，主要原因是重叠的全球危机——俄乌冲突、食品和能源价格高企以及公共债务飙升。这些因素相互作用，加剧了全球经济的不确定性，影响了跨国公司与投资者的信心和行为，从而导致2022年的全球OFDI流量下降。

全球OFDI在过去十年中总体上显示出波折中上升的趋势（如图1.1所示）。受经济全球化的推动，资本跨境流动增加，跨国公司为寻求新市场、成本效益以及资源和技术而不断扩大海外投资。尽管面临国际金融危机、地缘政治紧张、贸易保护主义上升以及全球性挑战如新冠疫情等因素引发的短期波动，但长期来看，国家间经济的相互依赖与合作促进了投资的流动，技术进步和数字化转型也为OFDI带来新的增长点。因此，全球OFDI的发展轨迹预计将在复杂多变的国际环境中，不断调整并保持上升的态势。

2022年，全球OFDI排名前十的国家中，发达经济体占绝大多数（如图1.2所示）。主要是因为这些国家拥有成熟的资本市场、强大的经济实力以及高度发展的技术和管理能力。这些要素使得发达国家的跨国公司在全球范围内进行资本投资、并购和建立子公司方面处于领先地位。它们倾向于在稳定性、市场潜力以及战略重要性方面寻找投资机会，并且由于长期积累的经验与资源，能够更有效地管理跨境投资风险。此外，发达国家通常拥有更健全的法律体系和知识产权保护机制，为本国企业提供国际竞争方面的支持和保障。这些因素共同作用，使得全球OFDI排名靠前的主体基本上是经济发达的国家。

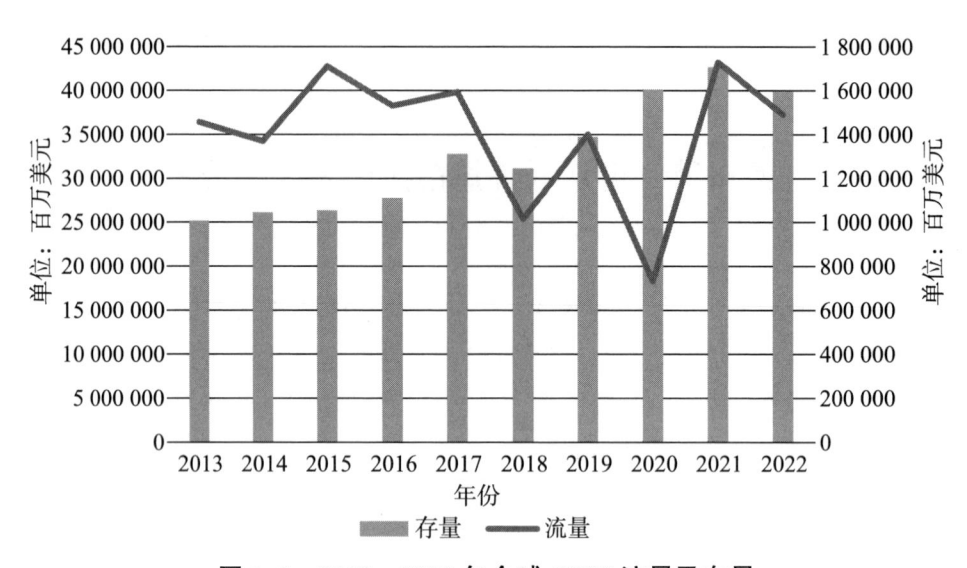

图 1.1　2013—2022 年全球 OFDI 流量及存量

数据来源：https://unctadstat.unctad.org.

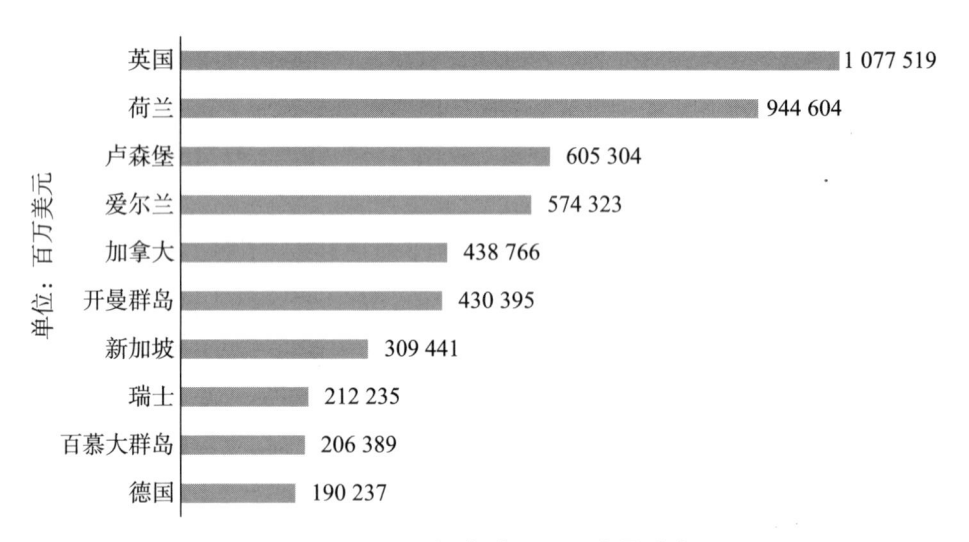

图 1.2　2022 年全球 OFDI 流量排名

国家	金额（百万美元）
英国	1 077 519
荷兰	944 604
卢森堡	605 304
爱尔兰	574 323
加拿大	438 766
开曼群岛	430 395
新加坡	309 441
瑞士	212 235
百慕大群岛	206 389
德国	190 237

数据来源：https://data.imf.org.

虽然发达经济体因其强大的资本实力、成熟的企业和技术优势占据着全球 OFDI 的主体地位，但发展中国家的地位也在不断提升（如图 1.3 所示）。

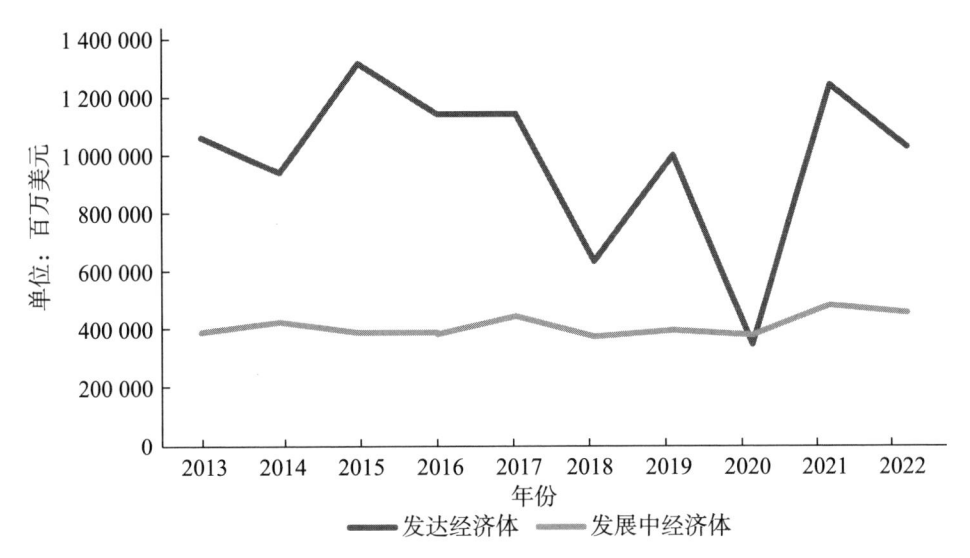

图 1.3　2013—2022 年不同经济体 OFDI 变化趋势

数据来源：https://unctadstat.unctad.org.

现阶段，发展中国家经济增长迅速，国内市场巨大，且政策逐渐开放，这吸引了外国直接投资，并促进本国企业的国际化进程。同时，一些发展中国家的企业开始积极拓展国际业务，寻求资源、新市场及多元化投资机会，特别是在原材料、能源、基础设施建设等领域。此外，随着全球经济重心的东移，亚洲特别是中国等新兴经济体在全球投资版图中的影响力逐渐上升，这些国家的跨国企业开始在全球范围内进行更多的资本布局和战略投资。因此，虽然发达国家仍占据主导地位，但发展中国家的崛起已成为 OFDI 格局变化的一个必然趋势。

第二节　全球对外直接投资特征

一、投资行业

全球 OFDI 在第三产业最多，其次是第二产业，而第一产业则相对较少

(如图1.4所示)。

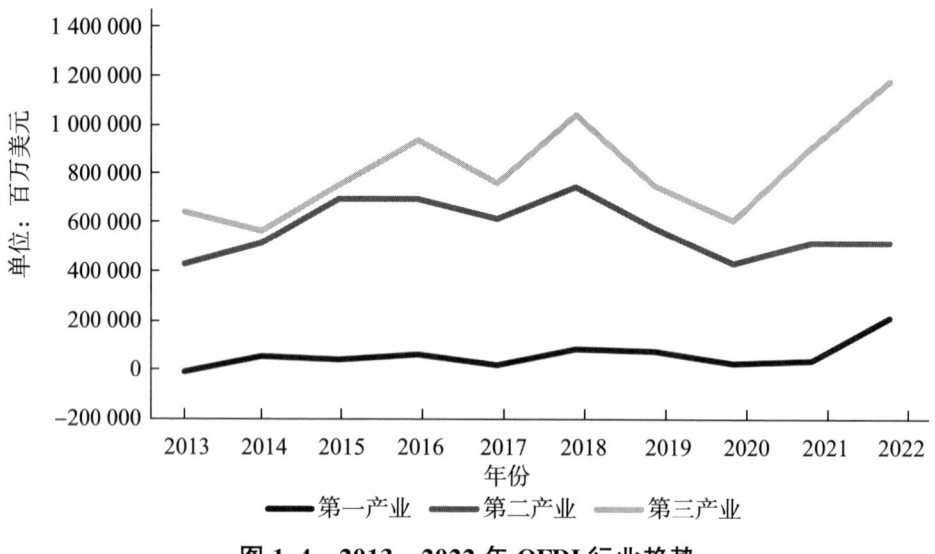

图 1.4　2013—2022 年 OFDI 行业趋势

数据来源：https://unctadstat.unctad.org.

这一格局反映了全球经济的结构性变化和产业演进。第三产业，即服务业，包含金融、保险、商业服务、信息技术、研发和知识密集型行业等，这些领域受益于数字化转型和全球化，具有较高的附加值和利润空间，吸引了大量跨国投资。第二产业，尤其是高科技制造业和自动化，仍需资本密集型投资，不过投资增长速度低于服务业。第一产业，如农业、林业、渔业和采矿业，通常被视为一个国家经济发展的基础，往往涉及国家安全等问题。并且该产业受自然条件限制较大、增值潜力相对较低，面临诸多的政策和环境约束。因此，在全球投资活动中，第一产业往往占比最小。

二、投资方式

OFDI 的投资方式主要为绿地投资和跨境并购，以绿地投资方式进行的 OFDI 较多（如图 1.5 所示）。

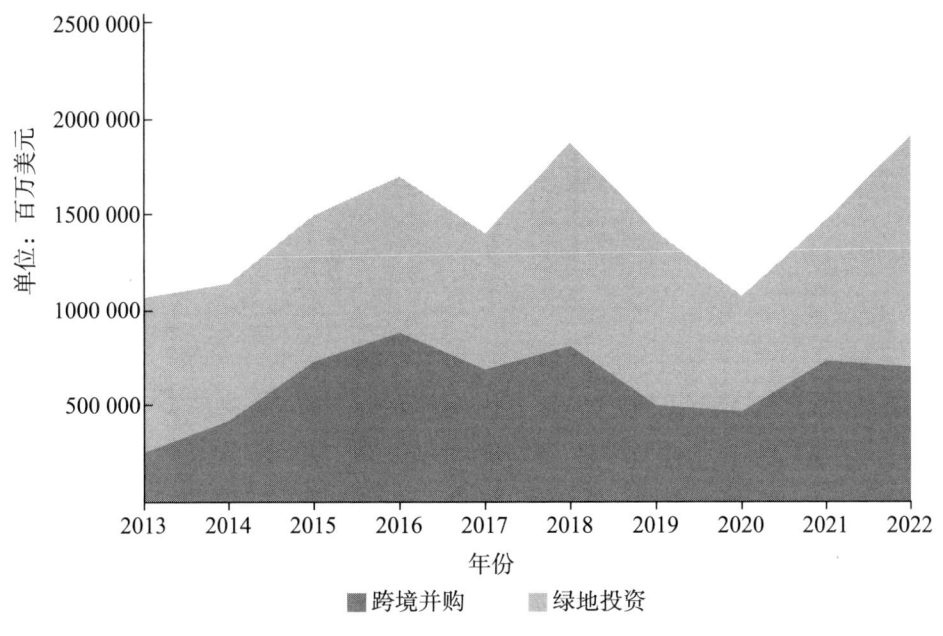

图 1.5　2013—2022 年 OFDI 方式

数据来源：https://unctadstat.unctad.org.

绿地投资允许投资者从零开始建立子公司或工厂，以此完全控制项目的设计和运营，确保企业文化和经营策略的一致性，并有机会获得东道国政府提供的税收优惠和补贴。与跨境并购相比，绿地投资通常面临的政治和社会阻力较小，因为其往往能创造新的就业机会并带动当地经济发展。跨境并购涉及对现有企业的控制权转移，可能会遭遇东道国的保护主义壁垒、文化冲突以及整合现有业务的复杂性。因此，尽管跨境并购可以迅速获取市场份额和资源，但由于其复杂性和潜在风险，许多投资者仍倾向于选择绿地投资作为扩展国际业务的首选方式。

三、投资地区

全球 OFDI 地区分布变化反映了全球经济重心的东移和多极化趋势（如图 1.6 所示）。

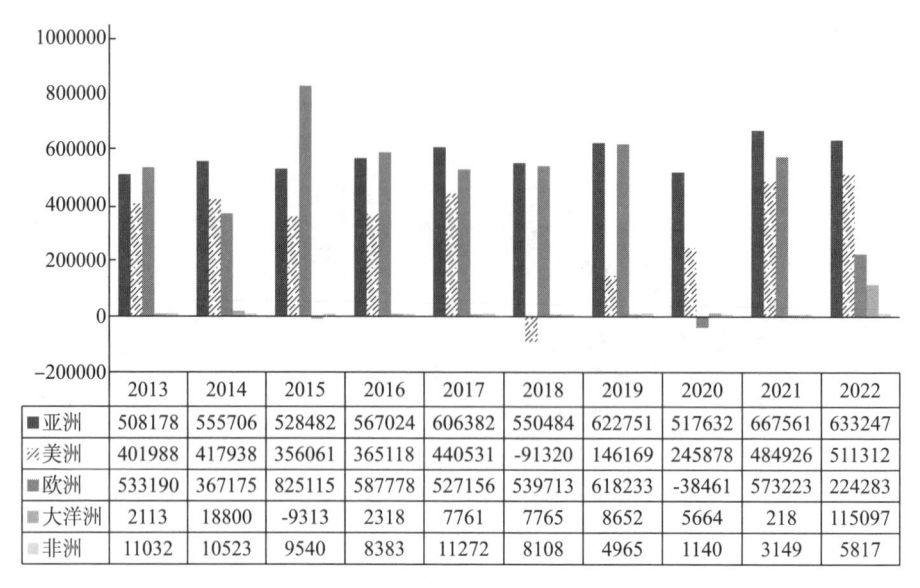

	2013	2014	2015	2016	2017	2018	2019	2020	2021	2022
■亚洲	508178	555706	528482	567024	606382	550484	622751	517632	667561	633247
▨美洲	401988	417938	356061	365118	440531	-91320	146169	245878	484926	511312
■欧洲	533190	367175	825115	587778	527156	539713	618233	-38461	573223	224283
■大洋洲	2113	18800	-9313	2318	7761	7765	8652	5664	218	115097
▨非洲	11032	10523	9540	8383	11272	8108	4965	1140	3149	5817

图 1.6　2013—2022 年 OFDI 地区分布（单位：百万美元）

数据来源：https://unctadstat.unctad.org.

由于欧洲经济增长放缓、政治不确定性和市场饱和等因素的影响，来自欧洲的投资显著减少。与此同时，亚洲尤其是中国和其他新兴市场国家，凭借其快速的经济增长、庞大的市场规模以及积极的政策推动，成为全球 OFDI 的主要来源。此外，得益于稳定的政治环境、丰富的自然资源和与亚洲经济体的紧密贸易联系，来自大洋洲，特别是以澳大利亚和新西兰这两个国家为主的投资也在不断增加。

在全球化的时代背景下，OFDI 的动态变化同时受到全球经济和政治因素的双重影响。一方面，全球化和市场自由化为资本流动提供了便利，促使跨国公司能够更加灵活地在全球范围内配置资源，以追求效率和利润最大化。另一方面，保护主义的抬头、地缘政治紧张以及气候变化等全球性挑战，为 OFDI 的稳定和增长带来不确定性。在这个过程中，国际贸易规则和多边机构的作用越发重要，它们在平衡各国利益、提供投资保护和促进公平竞争方面扮演着重要角色。

总体而言，全球 OFDI 格局是多维度、多变量的复杂系统，它既是全球经济发展趋势的反映,也是国家战略、公司战略和国际关系互动的产物。随着全球经济的进一步发展和国际环境的变化,全球 OFDI 的格局将会继续演化。

第三节　中国对外直接投资发展历程

中华人民共和国成立以来,中国对外直接投资大致经历了五个发展阶段(如图 1.7 所示):萌芽阶段(1949—1978 年)、尝试探索阶段(1979—1991 年)、调整探索阶段(1992—1999 年)、稳步发展阶段(2000—2012 年)、深入发展阶段(2013 年至今)。

中华人民共和国成立到改革开放前,中国的对外直接投资主要集中于中国香港地区。1979 年 8 月,国务院颁布《关于大力发展对外贸易增加外汇收入若干问题的规定》,中国内地企业开始探索性地通过对外直接投资的方式参与国际市场,1979—1983 年中国批准的非贸易性海外投资企业年末累计数量始终未超过 100 家[1],在此期间,中国境外投资项目审批的规范性不足。随着 1985 年 7 月《关于在境外开办非贸易性企业的审批程序和管理办法的试行规定》的颁布和实施,中国对外直接投资审批逐渐向规范性发展,批准的非贸易性海外投资企业数量有所增多。1991 年由原国家计划委员会起草的《关于加强海外投资项目管理的意见》指出,"我国尚不具备大规模到海外投资的条件,到海外投资办企业主要应从我国需要出发"。1991 年底,中国批准的非贸易性海外投资企业累计数量为 1008 家,中方累计对外投资 13.96 亿美元,其中对加拿大、美国、澳大利亚的累计投资占比 69.38%。

---

[1] 资料来源:CEIC 数据库。

阶段	年份	关键事件、政策或相关文件	中国对外直接投资情况	年份
萌芽阶段	1949	中华人民共和国成立	对外直接投资主要集中于中国香港地区	
	1978	中国共产党第十一届中央委员会第三次全体会议召开，进入改革开放新时期。		
尝试探索阶段	1979	《关于大力发展对外贸易增加外汇收入若干问题的规定》颁布。		
	1984	《关于在国外和港澳地区举办非贸易性合资经营企业审批权限和原则的通知》颁布。		
	1985	《关于在境外开办非贸易性企业的审批程序和管理办法的试行规定》颁布。		
	1991	《关于加强海外投资项目管理的意见》指出，"我国尚不具备大规模到海外投资的条件，到海外投资办企业主要应从我国需要出发"。	年底批准非贸易性海外投资企业累计1008家，中方累计对外投资13.96亿美元。	1991
调整探索阶段	1992	3月，《关于在境外举办非贸易性企业的审批和管理规定（试行稿）》发布；10月，中国共产党第十四次全国代表大会明确了"我国经济体制改革的目标是建立社会主义市场经济体制"。		
	1993	国务院发布《关于暂停收购境外企业和进一步加强境外投资管理的通知》。		
	1997	中国共产党第十五次全国代表大会提出"鼓励能够发挥我国比较优势的对外投资"。		
	1999	国务院批准《关于鼓励企业开展境外带料加工装配业务的意见》。	年底批准非贸易性海外投资企业累计2616家，中方累计对外投资31.74亿美元。	1999
稳步发展阶段	2000	"走出去"战略正式提出。		
	2012	中国共产党第十八次全国代表大会指出"加快走出去步伐，增强企业国际化经营能力，培育一批世界水平的跨国公司"。	截至年底，境内投资者在国（境）外累计设立对外直接投资企业近2.2万家。	2012
深入发展阶段	2013	共建"一带一路"的合作倡议正式提出。	截至年底，境内投资者在国（境）外累计设立对外直接投资企业4.66万家。	2022

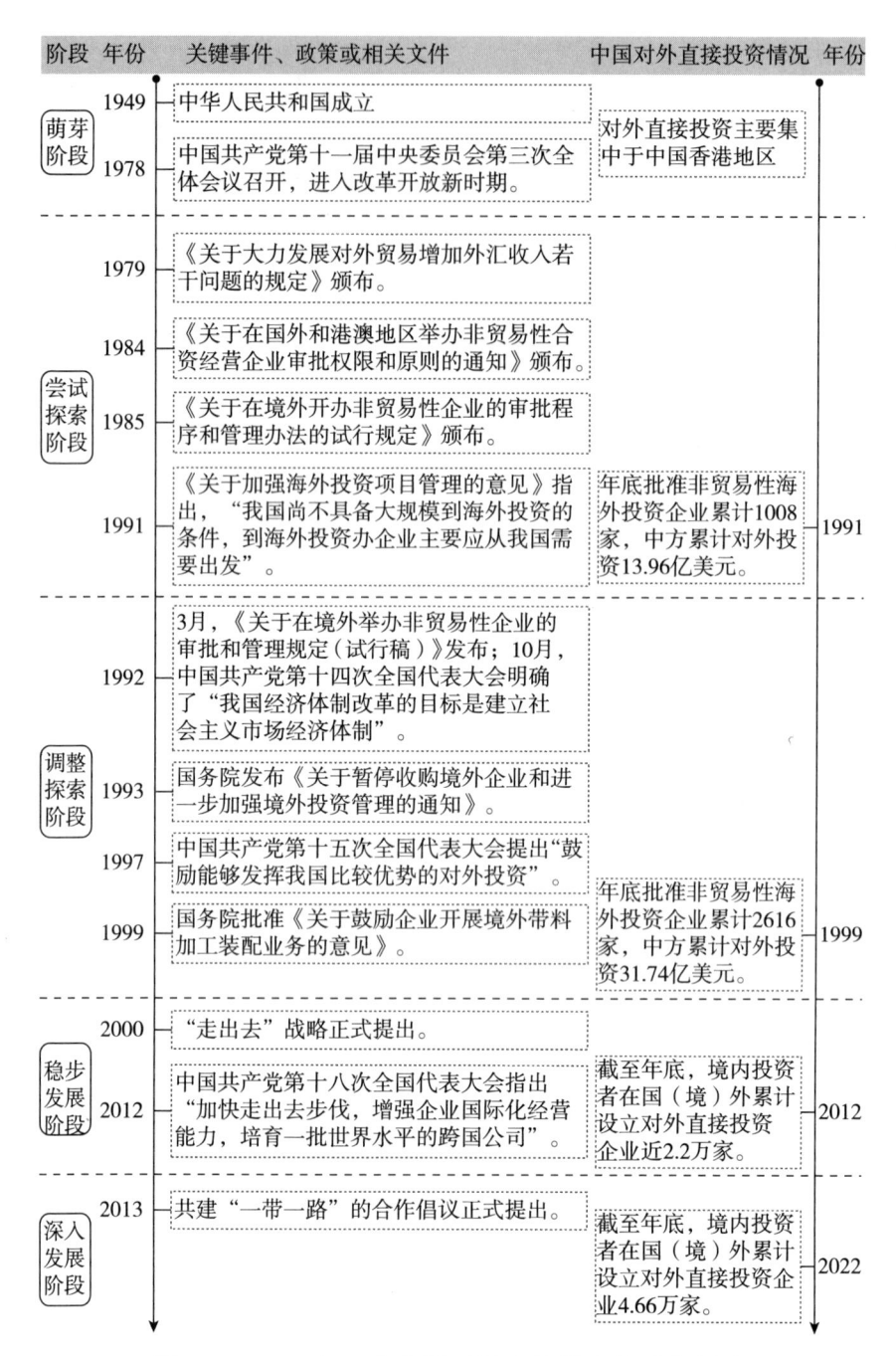

图 1.7　1949 年至今中国对外直接投资的阶段划分

数据来源：关键事件、政策或相关文件内容主要依据各相关单位官方网站和公开文件整理。

1992年3月，原对外经济贸易部颁布《关于在境外举办非贸易性企业的审批和管理规定（试行稿）》，明晰了举办境外非贸易性企业的条件、审批和管理办法，中国关于对外直接投资的审批和管理愈加规范。1992年桂林国际电线电缆集团公司在澳大利亚收购了一家电缆公司，成为1953年之后进行跨国投资的第一家中国大陆民营企业。1992年10月，中国共产党第十四次全国代表大会明确"我国经济体制改革的目标是建立社会主义市场经济体制"，要"积极扩大我国企业的对外投资和跨国经营"。然而，随着一些问题逐渐暴露，1993年9月，国务院发布《关于暂停收购境外企业和进一步加强境外投资管理的通知》。1992—1996年中国批准的非贸易性海外投资企业数量整体呈下降趋势[1]。1997年9月，中国共产党第十五次全国代表大会提出"鼓励能够发挥我国比较优势的对外投资"。为应对亚洲金融危机给我国出口带来的冲击，1999年初国务院批准了《关于鼓励企业开展境外带料加工装配业务的意见》。1999年底，中国批准的非贸易性海外投资企业累计数量为2616家，中方累计对外投资31.74亿美元，较1991年底增长了127.45%。在调整探索阶段（1992—1999年），中国对外直接投资流量总体呈下降趋势（如图1.8所示）。

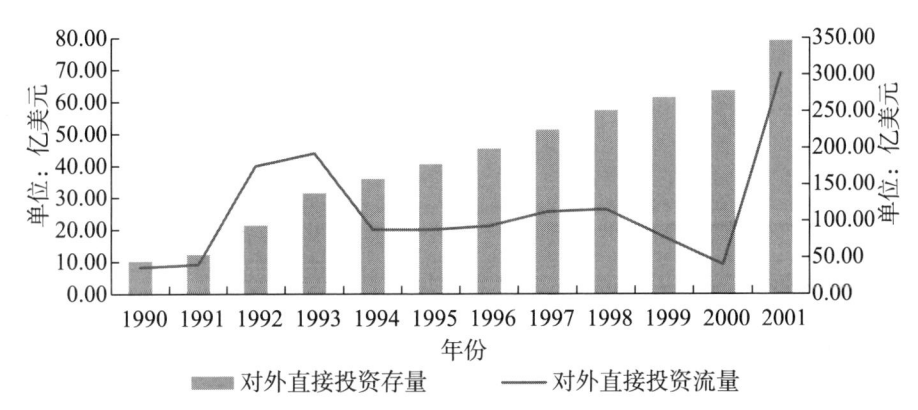

图1.8　1990—2001年中国对外直接投资情况

数据来源：UNCTAD数据库。

---

[1] 资料来源：CEIC数据库。

2000年10月中国共产党第十五届中央委员会第五次全体会议通过的《中共中央关于制定国民经济和社会发展第十个五年计划的建议》明确提出,"实施'走出去'战略。中国对外直接投资管理制度逐渐健全、完善,朝着便利化、规范化和高效化的方向发展,2002—2012年中国非金融类对外直接投资流量逐年提升,年均增长率为39.93%(如图1.9所示)。截至2012年底,中国境内投资者在国(境)外累计设立对外直接投资企业近2.2万家,分布于179个国家或地区[1]。自2013年共建"一带一路"的合作倡议提出以来,中国以更加积极的姿态参与对外投资合作,通过"五通"建设,中国与经贸伙伴的投资合作愈加广泛和紧密。2022年末中国对外直接投资存量为27548.10亿美元,是2012年末的5.18倍(如图1.9所示)。2022年中国对外直接投资流量蝉联全球第二位,截至2022年底,中国境内投资者在国(境)外累计设立对外直接投资企业4.66万家,分布于190个国家或地区[2]。

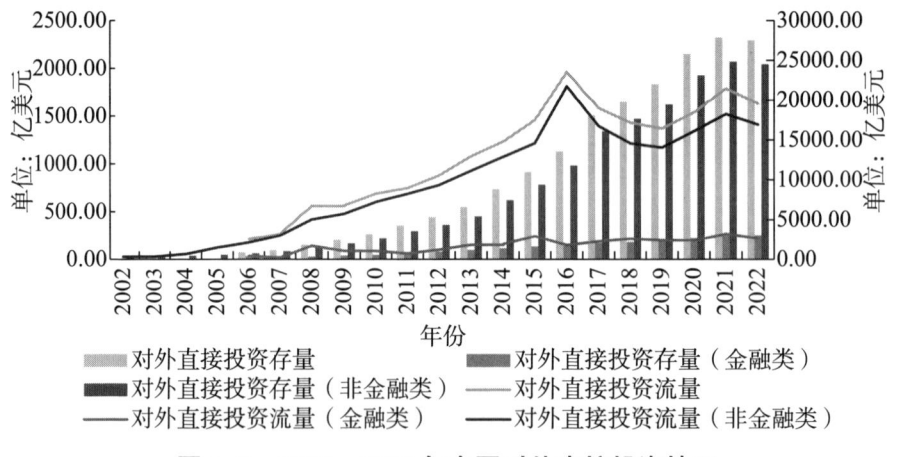

图1.9 2002—2022年中国对外直接投资情况

数据来源：CEIC数据库。

---

[1] 资料来源：《2012年度中国对外直接投资统计公报》。
[2] 资料来源：《2022年度中国对外直接投资统计公报》。

第四节　中国对外直接投资的发展布局

一、中国对外直接投资的行业分布

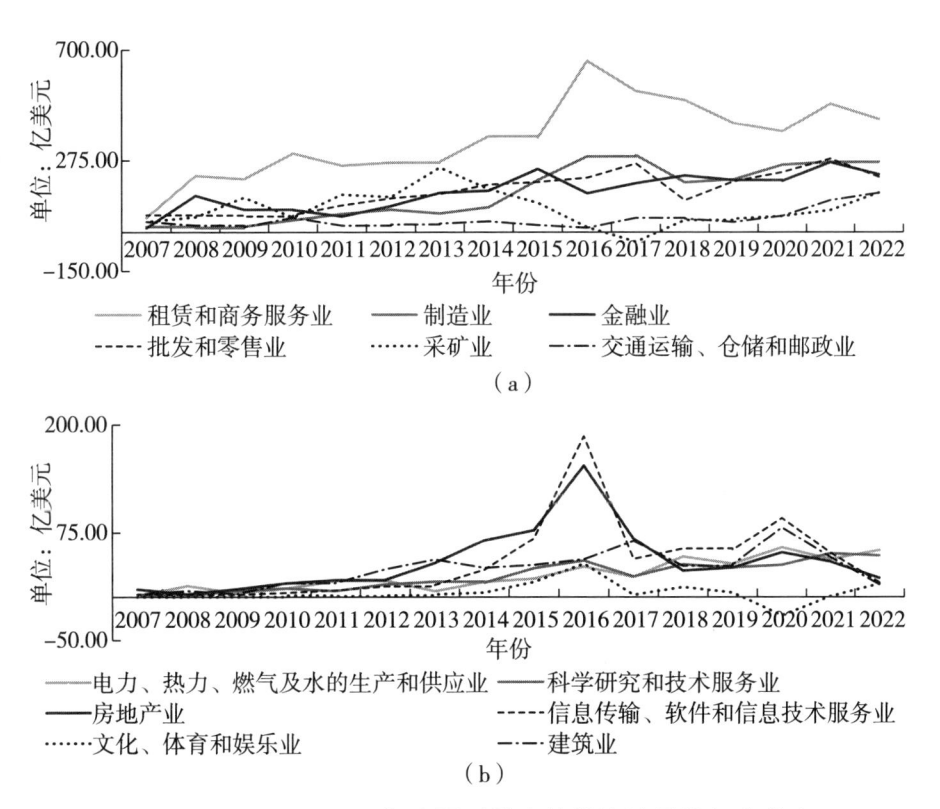

从2007—2022年中国对外直接投资流量的行业分布来看（如图1.10所示），2008—2022年租赁和商务服务业始终是中国对外直接投资流入最多的行业；2013—2022年中国制造业对外直接投资流量年均增长15.90%。从2022年中国对外直接投资存量行业分布来看（如表1.1所示），目前中国对外直接投资主要集中于租赁和商务服务业、批发和零售业、金融业、制造业和采矿业。

图1.10　2007—2022年中国对外直接投资流量的行业分布

(c)

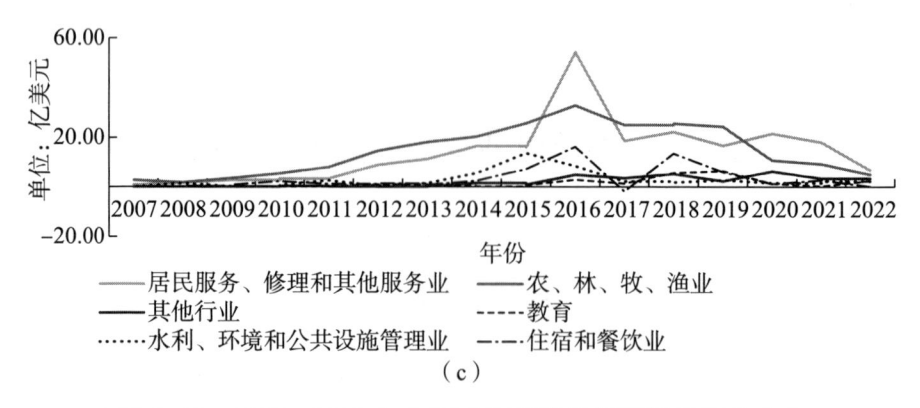

图1.10　2007—2022年中国对外直接投资流量的行业分布

数据来源：CEIC数据库。

注：中国对外直接投资流向其他行业的金额为中国对外直接投资流量减去中国对外直接投资流向另外17个行业的金额。

表1.1　2022年中国对外直接投资存量行业分布

行业	占比（%）	行业	占比（%）	行业	占比（%）
建筑业	1.86	信息传输、软件和信息技术服务业	5.03	居民服务、修理和其他服务业	0.51
批发和零售业	13.13	租赁和商务服务业	38.98	文化、体育和娱乐业	0.41
金融业	11.03	农、林、牧、渔业	0.68	教育	0.34
制造业	9.73	交通运输、仓储和邮政业	3.52	住宿和餐饮业	0.14
采矿业	7.63	科学研究和技术服务业	1.62	卫生和社会工作	0.12
房地产业	3.20	电力、热力、燃气及水的生产和供应业	1.99	水利、环境和公共设施管理业	0.11

数据来源：CEIC数据库。

二、中国对外直接投资的区位选择

从2007—2022年中国对外直接投资流量地区分布来看（如图1.11所示），中国对外直接投资主要流向了亚洲地区，对亚洲地区的直接投资流量在中国对外直接投资流量中占比始终超过60%，对拉丁美洲、欧洲、北美洲、大洋洲、非洲地区的直接投资流量在中国对外直接投资流量中占比均始终未超过20%。从2007—2022年中国对外直接投资存量地区分布来看（如图1.12所示），中国对亚洲、欧洲地区的直接投资存量均逐年上升，年均增长率分别为23.29%和25.90%。2007—2022年中国对东南亚地区十一国的直接投资存量逐年增加，年均增长率为27.70%，在对亚洲地区直接投资存量中所占比重整体呈上升趋势，2022年该比重升至8.45%，可见东南亚地区是中国对亚洲地区直接投资重要的目标市场；2019—2022年中国对东南亚地区十一国的直接投资存量在对"一带一路"共建国家直接投资存量中所占比重逐年增加，始终高于61%[①]。可见，在"一带一路"合作框架下，推动中国对东南亚地区投资的可持续发展具有重要意义。

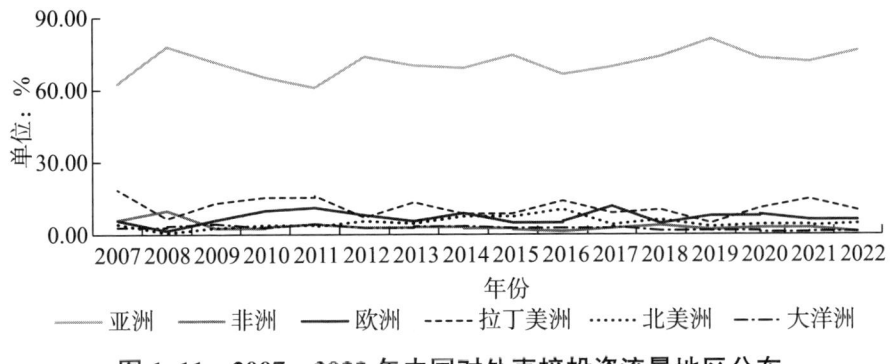

图1.11 2007—2022年中国对外直接投资流量地区分布

数据来源：CEIC数据库。

---

① 资料来源：CEIC数据库。基于《2021年度中国对外直接投资统计公报》确定"一带一路"共建国家的名单。此外，2019—2022年中国对巴勒斯坦的对外直接投资存量数据缺失。

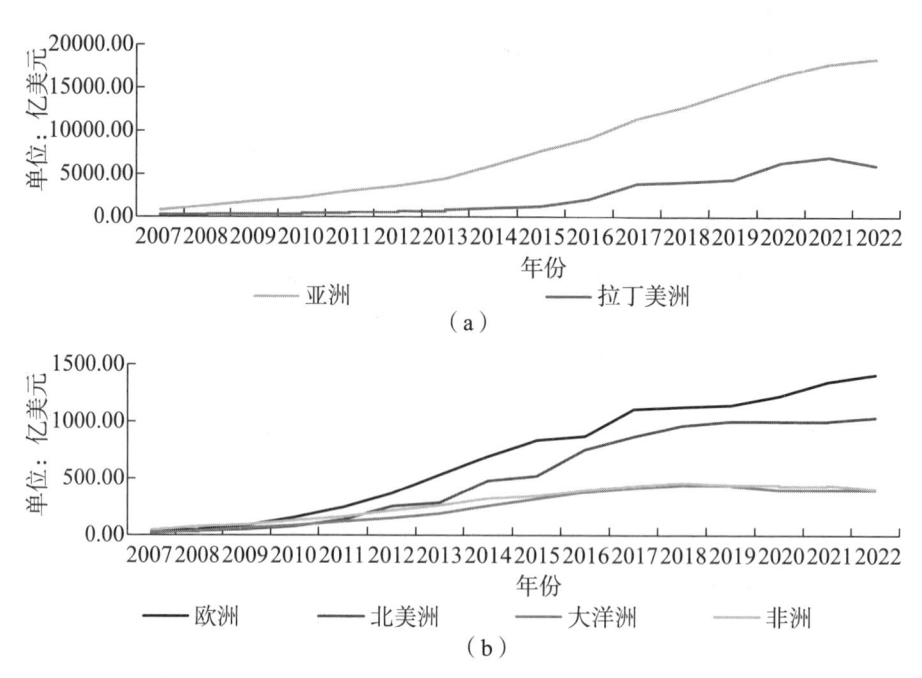

图 1.12 2007—2022 年中国对外直接投资存量地区分布

数据来源：CEIC 数据库。

当前中国对外直接投资正处于深入发展阶段，即使面临世界百年未有之大变局，2022年中国对东南亚地区十一国的直接投资存量仍然实现了正增长，在共建"一带一路"背景下，东南亚地区已经成为中国对外直接投资选择的重要区位。随着共建"一带一路"倡议的持续推进与深化，中国对外直接投资布局将得到进一步优化，中国在全球价值链中的分工地位也将显著提升。

第二章
中国企业对越南投资的现状与展望

高质量共建"一带一路"为中越合作提供了新的契机，中国共建"一带一路"倡议与越南"两廊一圈"战略的对接，也将中越之间的经贸合作推向了崭新的发展阶段。近年来，中国对越南的投资规模不断扩大，投资领域不断拓宽，越南已经成为中国对外投资的重要目的地，在中国产业转型升级中发挥重要作用。在此背景下，对中国企业在越南投资的现状、问题进行分析与展望，具有十分重要的现实意义。

目前，国内外学者在研究中国对越投资时，仅关注投资前的动机与投资时的行为，并未就对越投资设立的境外企业进行投资后的经营绩效分析，然而，投资后的长远发展才是推动对越投资可持续发展的关键所在。基于此，本书收集整理了中国对越投资设立的境外企业财务数据，对其经营绩效进行了全面分析，填补了此部分研究的空白。此外，本书还阐述了越南龙江工业园的发展情况，并对园内企业的经营绩效以及对母国的供应链依赖情况进行了深入分析。基于前述内容，本书总结中国对越南投资的优势与问题，并提出展望。

第一节　中国企业对越南投资发展历史及现状

目前中国已经成为越南重要的外资来源地。根据越南计划投资部数据，截至2022年12月20日，全球141个国家和地区对越南投资项目累计共36278个，总注册资金累计达4387亿美元。按累计项目数量计，中国内地对越南投资项目累计共3567个，仅次于韩国的9534个和日本的4978个，排名全球第3位；按累计注册投资资金计，中国内地排在第6位，累计投资233亿美元。

1991年中越关系正常化，揭开了两国经贸领域合作的序幕。近年来，中国企业在"走出去"战略的指引和中国产业升级换代趋势的推动下，积极开展全球化布局，不断加大对越南投资的力度（如图2.1所示）。与越南其他投资来源国相比，中国属于对越投资的"后来者"。2006年前，中国对越南的投资规模几乎可以忽略不计。2006—2017年，中国企业"走出去"步伐加快，越南处于加入世贸组织初期，同时由于一些中国企业的国内生产利润减少促使一些中国产业外迁，越南吸收中国投资规模初显。2017—2021年，中国企业对越南投资急剧上升，投资流量从2017年的7.6亿美元跃增至2021年的22.1亿美元，投资存量从49.7亿美元增至108.5亿美元。2022年受世界经济复苏放缓的影响，对越投资流量下降，降至17.0亿美元，投资存量达到116.6亿美元。

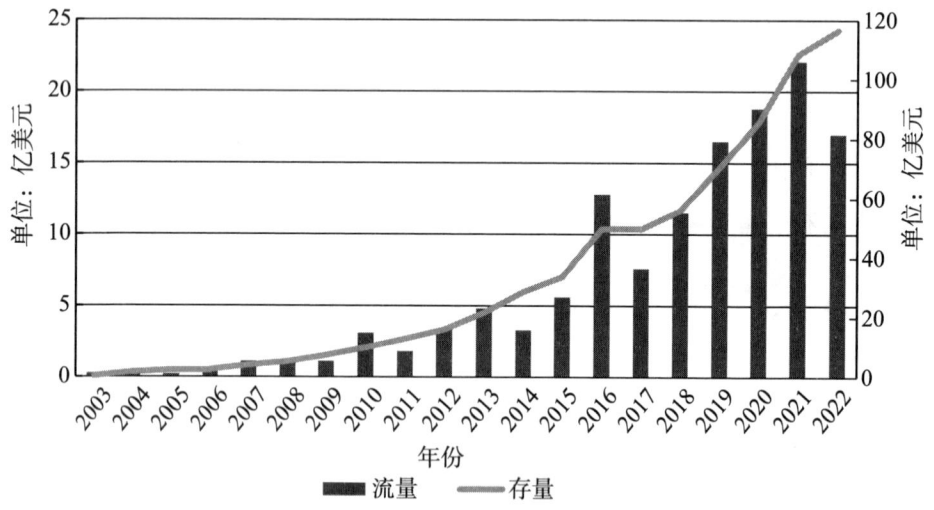

图2.1 2003—2022年中国向越南投资流量及存量

数据来源：历年中国对外直接投资统计公报。

一、中国对越南投资历程

根据不同时期的投资背景与特征，中国对越南投资的历程大致可以划分为四个阶段：起步期（1991—2005年）、稳步发展期（2006—2012年）、高速发展期（2013—2019年）、疫情冲击期（2020—2022年）。

1991—2005年，中国对越南的投资处于初步探索阶段，投资数量和注册资金规模较小。2005年，中国对越南投资的新增项目数量增长至46个，新增注册资金增长至1.17亿美元。2006—2012年，中国对越南的投资有较大提升，两国合作步入一个新的阶段，投资发展稳定。2006年，中国内地对越南投资的新增注册资金比前一年增长2.4倍至3.96亿美元，新增投资项目数量增长59%至73个。2006—2012年，中国内地对越南投资的新增注册资金年均5.58亿美元，新增投资项目数量年均约92个。2013—2019年，中国对越南的投资步入高速发展期。2019年中国内地对越南投资的新增注册资金达41.15亿美元，新增投资项目数量705个，分别比2012年增加10倍和8.3倍，年均增速分别为110%和40%。

2020年至今，中国对越南的投资一度受到新冠疫情的严重冲击。2020年中国对越南直接投资新增注册资金下降36.5%至26.13亿美元，新增项目数量下降49%至360个。2022年中国对越南直接投资持续下降，其中新增项目数量下降至283个，新增注册资金减少至25.2亿美元。随着疫情形势的稳定以及中越航线和边境口岸的开放，未来几年中国企业对越南的投资有望重新加速。根据越南计划与投资部数据，2023年前10个月，中国对越南新增投资项目566个，在越南新增项目数中占比为21.7%，为全球对越南新投资项目最多的国家；投资额25.2亿美元，仅次于新加坡和中国香港。

二、中国对越南投资特点

对越南进行投资的中国企业主要位于东南沿海等与越南距离较近的地区。[①] 具体而言，来自广东省、浙江省、江苏省、山东省、上海市、广西壮族自治区、北京市、福建省、安徽省的投资之和占全国对越南投资总量的81.82%。其中，与越南地理距离较为接近的广东、浙江、江苏三个省份是投资的主要来源，投资之和占比超过投资总量的50%。

从投资年份来看（如图2.2所示），2014—2019年，中国对越南的投资处于增长阶段，对越南投资的中国企业数量从2014年的14家增长到2019年的

---

① 本书首先通过对商务部"走出去"公共服务平台2015—2022年中国企业境外投资机构名录进行爬虫共搜集到对越南投资的中国企业1242家（包括绿地投资和跨国并购）和境内投资者1111家（131家中国企业对越南投资超过1家企业）。其次，通过手动查找共获得469家境外投资企业（机构）的企业代码。最后，根据BVD Orbis数据库和越南国家商业登记门户网站数据，我们搜集到了323家企业的基本经营信息（远多于BVD Orbis数据库的221家）。

99家。2020年由于新冠疫情的暴发，中国对越南投资受到较大影响，连续四年投资企业数量持续下降，从2019年的99家降低到2022年的25家。

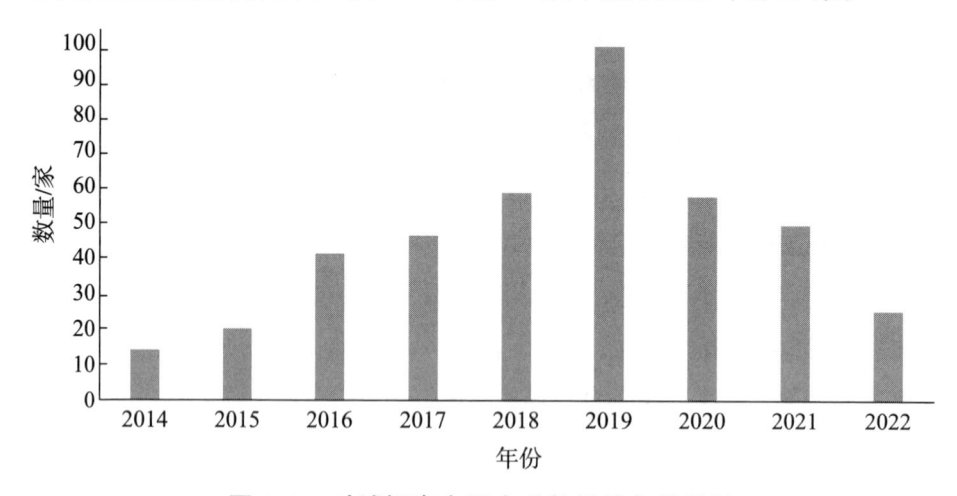

图2.2 对越投资中国企业数量的年份统计

数据来源：作者搜集整理。

从投资区位分布来看（如图2.3所示），中国企业在越南的投资已覆盖越南54个省和直辖市，投资主要集中在东南沿海地区、红河三角洲及与中国接壤的边境地区，FDI流入量占越南外来总投资的80%以上。其中，地处东南部的胡志明市、同奈省与平阳省，位于红河三角洲的河内市、海防市和北宁省，北部内陆与山区的北江省以及湄公河三角洲的隆安省是越南吸收外资的八大省市（如表2.1所示）。截至2022年，前述三大直辖市与五大省吸收外资的数量占比接近80%。从区位分布来看（如图2.3所示），越南红河三角洲地区引入中企投资数量最多，达到191个；其次是东南部，吸引167个投资项目；再次是湄公河三角洲地区和东北部，分别吸引37个和33个投资项目；最后是中北部和中南部沿海地区，均引入了19个投资项目。越南外资在地理分布上高度集中的主要原因在于：第一，此部分地区或城市所处地理位置优越，多位于沿海沿江地带，对外输出方便；第二，基础设施建设相对完善，交通设施与水电供给较为充足与稳定；第三，越南政府的政策倾斜，比如作为"革新开放"的前沿地带，胡志明市在土地使用与出售、征税等方面拥有其他省市所不具备的特权等。

表 2.1 中国对越南投资地区分布

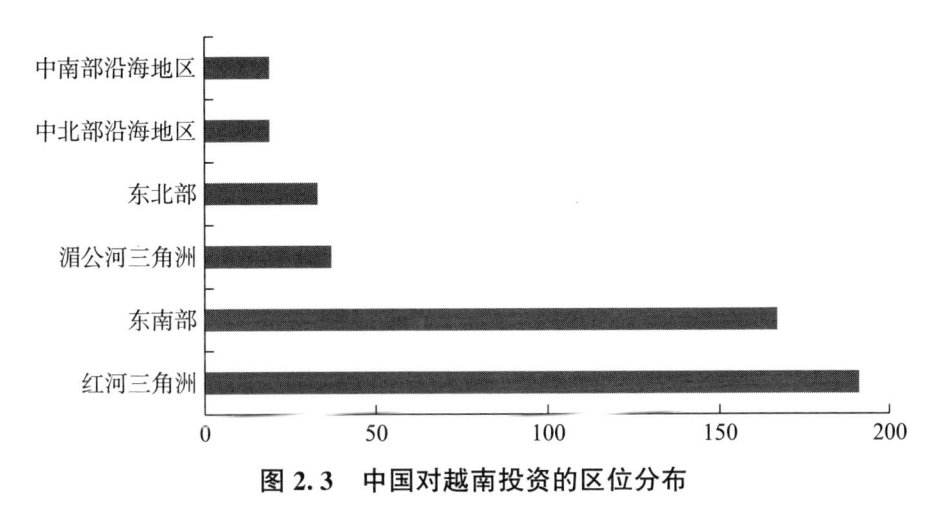

排名	越南名	地区	个数
1	Ho Chi Minh	胡志明市	80
2	Ha Noi	河内市	68
3	Bac Ninh	北宁省	49
4	Binh Duong	平阳省	41
5	Hai Phong	海防市	37
6	Bac Giang	北江省	22
7	Long An	隆安省	17
8	Tay Ninh	西宁省	16
9	Thanh Hoa	清化省	13
10	Tien Giang	前江省	11

图 2.3 中国对越南投资的区位分布

数据来源：作者搜集整理。

从产业分布来看（如图 2.4 所示），中国对越南的投资主要集中在第二产业，投资项目数量占比达到 69%；其次为第三产业，占比为 30%；对第一产业的投资占比最少，仅为 1%。具体而言，制造业是对越南投资的主要部门，其中以纺织产品、电子产品的加工制造最为突出，这些行业多属于劳动密集型产业，企业规模较小，但对市场容量的要求较高。外资之所以倾向于将上述产业布局在越南，一方面是因为越南拥有相对廉价且富足的劳动力，另一方面是得益于越南广阔的国内与国际消费市场。而在服务行业里，目前开展投资最多的部门为房地产业、批发和零售业、机动车辆和摩托车修理服务业等。

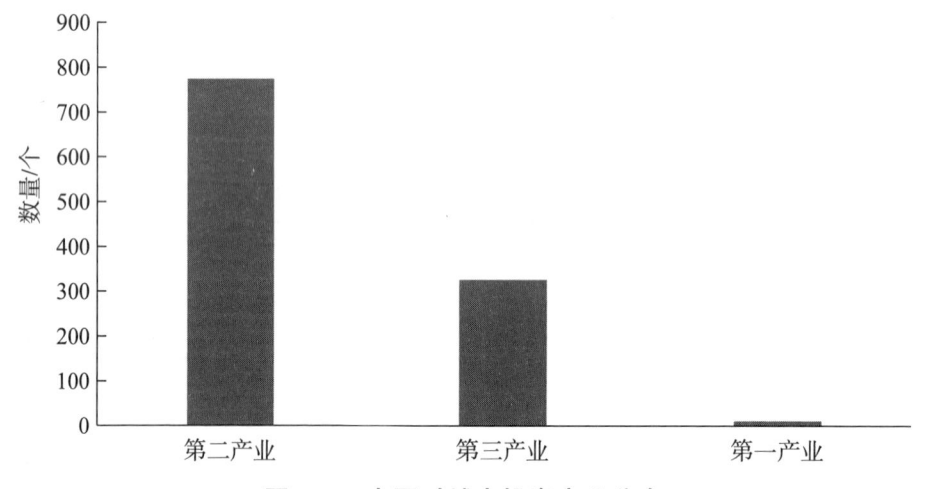

图 2.4　中国对越南投资产业分布

数据来源：作者搜集整理。

从行业分布来看，中国对越南投资设立的境外企业有近70%属于制造业，约17%属于批发和零售、汽车和摩托车修理业，其他行业内的企业数量较少[1]（如表2.2所示）。重点关注制造业的细分行业分布（如图2.5所示），中国对越南的投资基本覆盖了越南的全部细分制造业，在24个细分行业中有20个存在中资企业，其中占比最多的为计算机、电子产品和光学产品制造，电力设备制造以及纺织品制造等。虽然门类齐全，但是生产加工的产品基本均为初级产品，产品增值较少，且原料、技术高度依赖母公司，导致在越企业的未来发展受到较大限制。

---

[1]　行业分类为 NACE Rev.2，样本为包含行业信息的266家在越中资企业。

表 2.2 中国对越南投资企业的行业分布

行业	数量	占比（%）
制造业	186	69.92
批发和零售业；汽车和摩托车修理	45	16.92
建筑业	7	2.63
行政和辅助	7	2.63
专业、科学和技术	6	2.26
电、煤气、蒸气和空调供应	5	1.88
金融和保险	3	1.13
农、牧、林、渔业	2	0.75
信息和通信	2	0.75
供水；污水处理、废物管理和补救	1	0.38
运输与存储	1	0.38
公共管理与国防；强制性社会保障	1	0.38

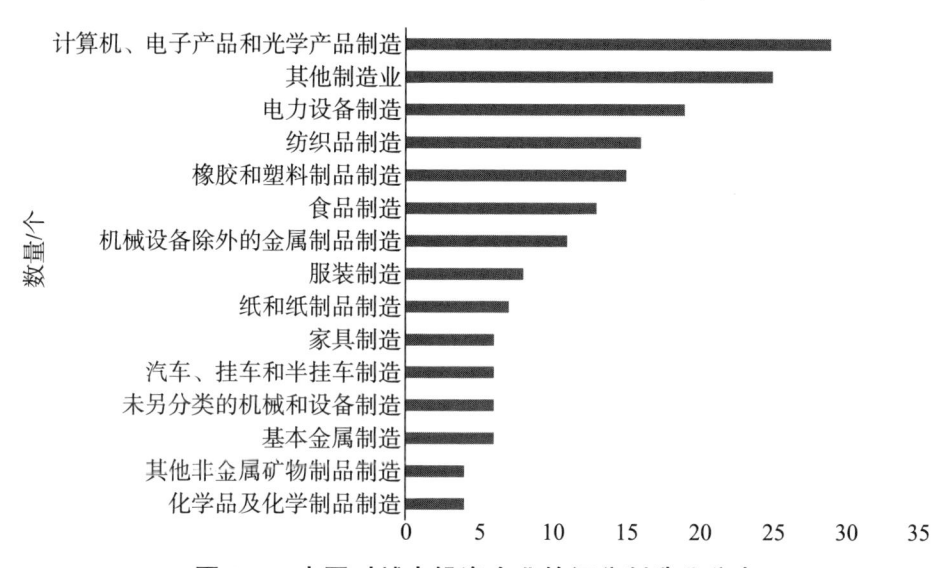

图 2.5 中国对越南投资企业的细分制造业分布

从投资方式来看，与中国对外投资的整体特征相似，中国对越南进行投资的方式也以跨国并购（即中越合资）为主，其次是独资经营。相较于发达国家的跨国公司，中国企业开展对外投资的经验匮乏，且对越南投资的时间较短，采取跨国并购的方式可以有效减少其在行政审批、民间舆论等方面可能遇到的障碍。因此，早期中国对越南投资的主要方式是跨国并购，但随着越南放宽对外资企业在当地注册公司的持股比例限制，独资经营的投资方式也开始盛行起来。

从中国企业特征来看（如图 2.6 所示），中国企业的经营状况与发展水平对投资行为有实质性影响，企业的经营状况越好，获得国家优惠补贴与政策支持越多，越倾向于扩大企业规模以及增加企业对外投资。其中，在越南开展投资的高新技术企业、小微企业数量较多，占对越投资项目总量的 70% 以上。此外，专精特新企业、专精特新"小巨人"、瞪羚企业等也倾向通过对外投资增加生产利润，扩大企业影响力。

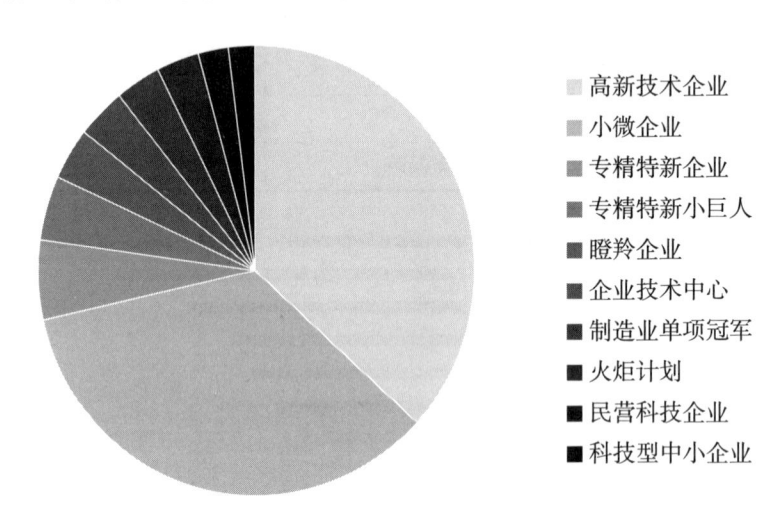

图 2.6　对越投资的中国企业特征

数据来源：作者搜集整理。

第二节　中国企业在越南的经营绩效分析

中国对越南投资企业的经营绩效是决定投资是否可持续发展的关键因素，通过分析在越境外企业的动态经营绩效，可以进一步了解中国对越南投资的实际发展情况。

一、企业经营绩效分析的指标选取

为全面、准确、真实地衡量在越企业的经营绩效，遵循科学性、统一性、可比性以及可操作性原则，借鉴现有研究的经营绩效指标，从企业规模、盈利能力、偿债能力、运营能力以及成长能力五个方面入手，选取相关指标对企业的经营绩效进行分析，具体评价指标如表2.3所示。分析样本为根据BVD Orbis数据库和越南国家商业登记门户网站数据搜集整理的323家在越经营企业，占总投资比例的26%，在已查到有企业代码的企业中占比为69%。

表2.3 中国对越南投资企业的经营绩效评价指标

企业能力	衡量指标	指标计算公式
企业规模	营业收入（百万美元）	企业当年营业总收入
	资产总额（百万美元）	企业当年资产总额
盈利能力	净利润（百万美元）	利润总额-所得税费用
	总资产报酬率（%）	净利润/期末总资产
偿债能力	资产负债率（%）	期末负债总额/期末总资产
	流动比率	期末流动资产/期末流动负债
运营能力	总资产周转率（次）	营业收入/资产总额
	库存周转率（次）	销售成本/平均库存
成长能力	总资产增长率（%）	本年资产增长额/年初资产总额
	营业收入增长率（%）	本年营业收入增长额/上年营业收入

具体而言，选取营业收入、资产总额衡量境外企业的规模，可以反映中国企业对越南投资项目的规模与强度，在越企业规模越大，预期中国企业对越南追加投资的可能性就越大。选取净利润、总资产报酬率衡量企业的盈利能力，体现企业在一定时期内赚取利润的能力，盈利能力越强，中国企业对越投资的整体竞争力就越强。选取资产负债率、流动比率衡量企业的偿债能力，体现企业在海外发展中抵御债务风险的能力，是确保境外企业长久健康发展的关键指标。选取总资产周转率、库存周转率衡量企业的运营能力，体

现企业的资产运营能力与管理效率,周转速度越快,流动性越高,则企业获取利润的速度越快,在海外市场的经营管理能力越强。选取总资产增长率、营业收入增长率衡量企业的成长能力,体现在越企业的发展趋势与发展速度,成长性越好的企业,未来的发展前景和潜力将越大。

二、在越企业的经营绩效分析

从对323家企业的经营绩效分析来看,整体而言,中国对越投资设立的企业在越南表现出良好的发展态势,个体规模不断扩张,盈利水平持续提升,债务风险相对较小,在越运营状况良好,未来发展潜力较大。但与此同时,在越企业的经营发展也存在一些问题,主要为相对规模较小,收益质量偏低,近期增长有所放缓。表2.4具体展示了2016年至2022年323家在越企业的经营绩效情况。

表2.4 2016—2022年在越企业经营绩效分析

	2016	2017	2018	2019	2020	2021	2022
营业收入(百万美元)	30.23	26.29	25.87	29.98	35.85	48.09	65.23
资产总额(百万美元)	29.40	25.53	49.86	39.27	51.77	62.72	70.51
净利润(百万美元)	1.29	1.40	1.27	2.48	3.61	3.83	3.91
总资产报酬率(%)	−3.00	1.24	−1.05	−0.03	1.17	1.34	1.27
资产负债率(%)	35.06	43.92	51.00	53.07	56.66	58.51	58.48
流动比率	4.88	4.49	2.53	2.96	2.56	3.30	3.33
总资产周转率(次)	0.85	1.17	1.04	1.13	1.21	1.21	1.45
库存周转率(次)	10.52	10.85	10.28	16.40	11.60	9.29	11.75
总资产增长率(%)	23.40	49.89	43.57	65.35	49.62	42.24	22.12
营业收入增长率(%)	395.62	8398.84	4365.33	7495.59	2813.34	1039.73	2798.09

数据来源:作者搜集整理。

(1) 企业规模持续提升,但相对规模依然较小

2016—2022年,在越企业平均营业收入基本呈现出持续上升的态势,从30.23百万美元增至65.23百万美元(如图2.7所示),这一方面体现出在越

企业主营业务的持续扩张，另一方面也体现出中国企业对越南投资项目规模的逐步扩大。企业平均资产总额稳步提升，2022年平均资产总额达到70.51百万美元，创历史新高。

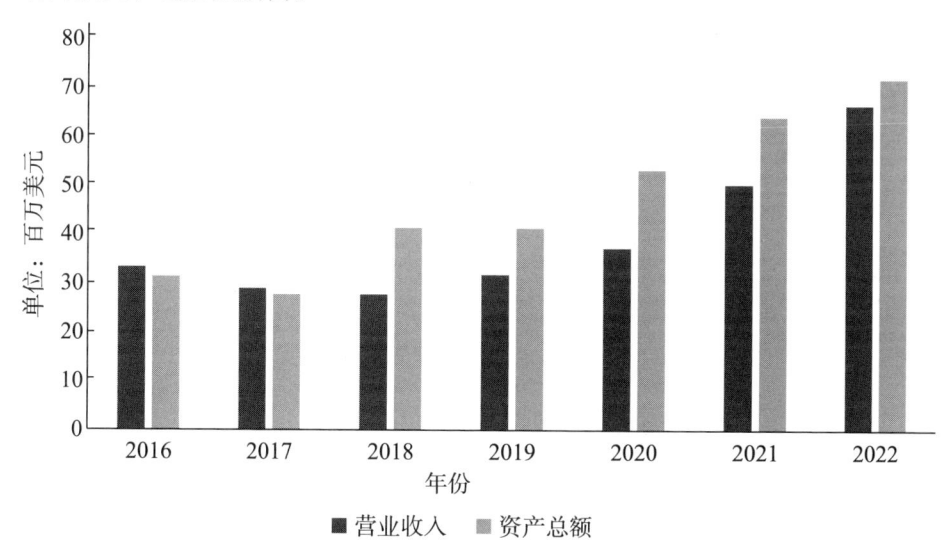

图2.7 中国对越南投资企业的规模分析

然而，与日韩的大规模制造业投资相比，目前中国对越南的投资规模仍相对较小，规模在1亿美元以上的大型对外投资极少，缺乏具有战略布局意义的重大项目，投资主要是由中小型企业自发进行的需求驱动型投资。通过对比美国企业研究所CGIT数据库和越南计划与投资部公布的数据发现，CGIT数据库中中国对越南投资的排名远低于越南官方排名，且二者差距不断扩大。这是由于CGIT数据库只统计规模在1亿美元以上的中国大型对外投资，同样也表明中国对越南的投资规模主要在1亿美元以下，且聚集在劳动密集型企业，这与日韩制造业巨头主动布局越南形成了鲜明的对比。这导致中国企业在越南无法形成具有较强竞争优势的企业集群，影响到中国在越企业的未来发展潜力，进而削弱中国对越投资的国际竞争力。

（2）盈利数量波动上升，盈利能力有待增强

由于中国在国际投资和产业升级等方面面临着较大的竞争压力，2018年中国在越企业的盈利能力（如图2.8所示）与增长率（如图2.9所示）出现

大幅下降。此后，随着中国对越投资的日趋成熟，自2019年开始，中国对越投资日益强劲，企业盈利规模持续扩张，即使在疫情的影响下企业也持续盈利，在2022年企业平均净利润达到3.91百万美元。然而，企业的总资产报酬率始终较低，这一方面可能是由于大量样本为新成立企业，投资数额较大而收益较小；另一方面也在一定程度上体现出中国对越南的投资效率和投资竞争力有待提升。

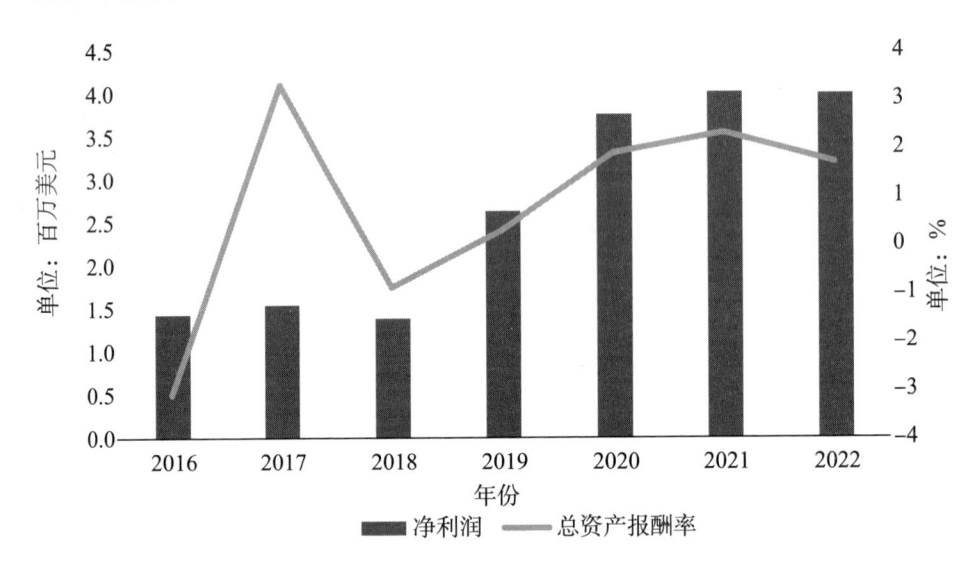

图2.8 中国对越南投资企业的盈利能力分析

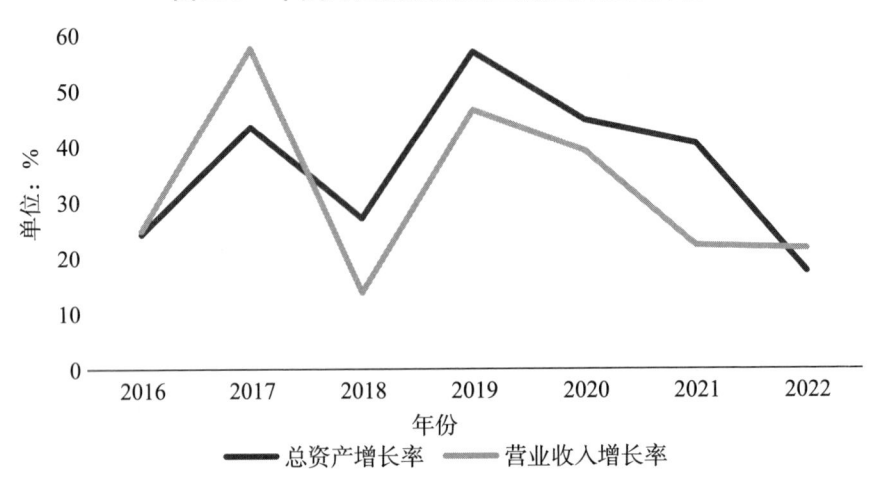

图2.9 中国对越南投资企业的成长能力分析

(3) 偿债能力相对较强，债务风险较低

企业资产负债率的合适范围一般为 40%—60%，2016—2022 年，在越企业的资产负债率始终处于较合适位置，并呈现出逐步增加的趋势，这一方面可以加大杠杆，提升企业盈利能力，另一方面也为企业带来一定的违约风险。此外，企业流动比率呈现波动下降的态势，但数值始终高于 2（一般认为应在 1.5—2 之间）。较高的流动比率表明在越企业具有较强的短期偿债能力，债务风险较小；但同时也表明企业可能存在持有现金过多的问题，未合理利用资产产生更多收益。综合来看，在越企业的整体偿债能力较强，债务风险较低，且企业正不断在偿债能力与资产获益能力之间寻找更高效率的平衡。

(4) 企业运营能力较强，资金使用效率较高

2016—2022 年，在越企业的总资产周转率稳中有增，且均值始终高于一般值（0.8），表明企业全部资产的使用效率较高，在越南市场的销售能力较强、运营能力较强。库存周转率呈现波动上升趋势，且均值高于制造业一般水平，表明企业在越南经营过程中存货占用水平低，流动性较强，存货转换为现金或应收账款的速度较快，在购入存货、投入生产、销售收回等环节中管理状况良好，良好的企业运营表现表明中国企业在越南的经营呈现出积极向好的发展态势，企业能够较好地融入越南市场，这也为后续投资奠定了合作基础。

(5) 企业成长性波动较大，近期增长稍显乏力

整体而言，中国对越投资的增长表现出较大的波动性，投资受到外部环境的影响较大，在 2019 年总资产增长率达到 65.35%，投资数量提升的同时投资规模也大幅增长。在新冠疫情冲击下的 2020—2022 年，企业总资产仍保持较大幅度的增长，但增长率明显大幅下滑。营业收入增长率与总资产扩张的趋势基本一致，营收增幅远大于资产增幅，2020—2022 年增幅明显放缓。当前，由于中国对越南投资大多仍为微观企业的需求驱动型投资，出于产业层面的战略投资相对缺乏，导致企业的成长能力受外界环境的影响较大，未能形成持续稳定的投资局面，未来会制约中国对越投资潜力的发挥。

第三节　境外园区投资——越南龙江工业园

境外工业园区是近年来对外直接投资的新兴载体，也是对外绿地投资的一种产业集群模式，对企业"走出去"和国际产能合作具有重要推动作用。在共建"一带一路"倡议走深走实的背景下，境外园区成为中国加强同共建"一带一路"国家互联互通建设，更好开展对外投资的重要平台。2007年，中国对越南投资建立了越南龙江工业园，现已成为中国企业对越投资的重要载体。

一、越南龙江工业园的总体情况

越南龙江工业园是由中国浙江前江投资管理有限公司开发的综合性工业园，位于越南南部的前江省新福县，是中国13个国家级经贸合作区之一，同时也是越南第一个中国独资建成的工业园。园区的投资来源地涵盖中国、新加坡和马来西亚等多个国家。投资总额近13.5亿美元，建造厂房逾223万平方米。园区内主要产业包括电子、机械、电气类产品、轻工业、纺织业、建材和包装等加工制造业。与此同时，园区为中国企业对越南投资提供了便捷的通道，截至2023年，园区内共有中资企业30家，投资总额达8.9亿美元。

在投资服务方面，园区设有前江省工业园管理委员会（TIZA），为投资商提供越南政策咨询、新投资项目审批及投资执照签发、建筑执照签发以及区内企业运营活动管理等服务，并为企业在办理与相关政府部门的各项手续时提供"一个窗口"服务。同时，协助企业办理税务登记、建筑消防许可，为企业提供法律、海关、物流以及保税等咨询服务。此外，园区为投资入园企业提供正常生产的配套设施及服务，包括供水、供电、污水与垃圾处理等。

在投资激励方面，入园企业可享受以下税收优惠政策。第一，享受自有营收之年起15年的企业所得税优惠，优惠税率为10%，包括四种优惠策略

（如图 2.10 所示）。第二，对越南国内未能生产提供的原料、物资及零件，自生产之年起免征 5 年进口税；越南国内未能生产及构成固定资产的机器设备，免进口税。第三，加工出口企业享受加工出口区的税收优惠政策。

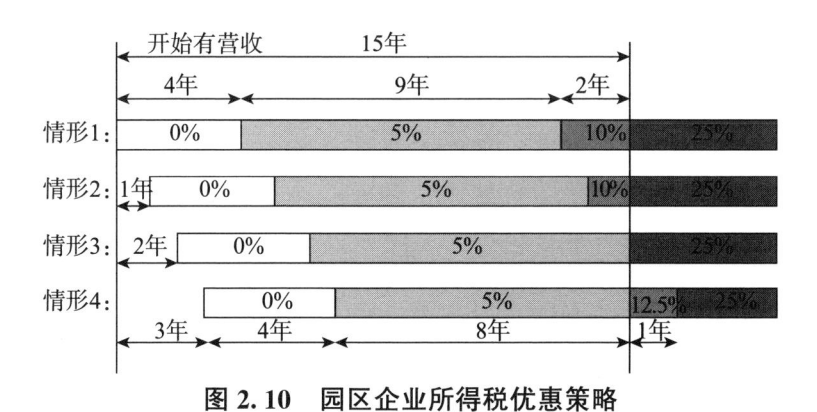

图 2.10　园区企业所得税优惠策略

二、园区内企业的经营绩效情况分析

为考察园区内企业的经营绩效情况，使用与前文相同的分析框架与指标，对园区内拥有财务数据的 31 家企业进行经营绩效分析，时间区间为 2014—2022 年。整体而言，园区内企业呈现出良好的发展态势，企业规模不断扩张，盈利能力不断提升，偿债能力与运营能力稳步发展，境外园区在对越投资中发挥了重要作用。

从企业规模来看，园区内企业的营业收入与资产总额持续增长，从 2014 年的 6.37 百万美元增至 2022 年的 57.92 百万美元，增长了 8 倍（如图 2.11 所示）。在园区的统一管理与服务下，园区内企业平稳有序发展，即使在新冠疫情冲击的 2020 年，凭借有力的管控措施以及部分企业的口罩生产供应，园区内企业仍旧实现了正增长，尤其在新冠疫情结束的 2022 年，园区内企业基本均实现营收与资产的大幅增长。凭借良好的管理与服务能力以及现有企业的良好表现，2022 年另有 5 家企业选择在龙江工业园进行投资，园区发展规模日益扩大。

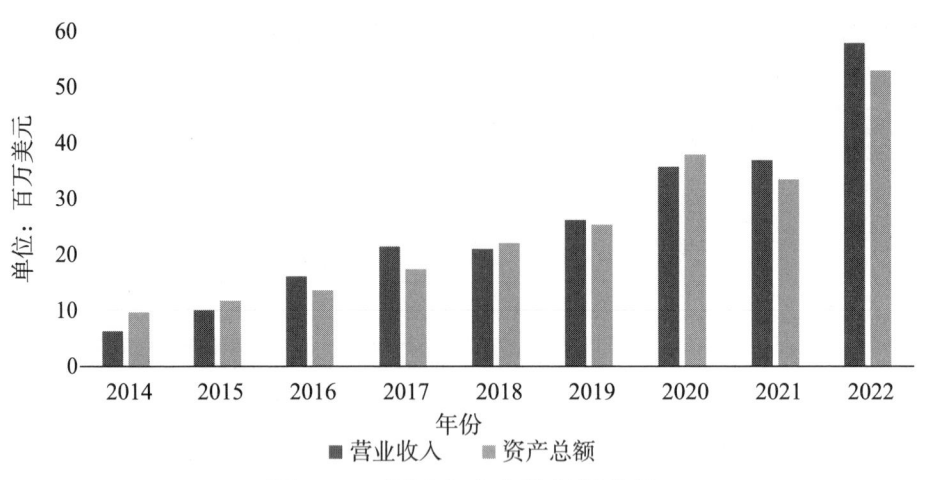

图 2.11　园区内企业的规模分析

从盈利能力来看，2014—2022 年，园区内企业的净利润与总资产报酬率呈现波动上升的趋势（如图 2.12 所示）。并且，总资产报酬率明显优于前文在越企业的整体平均水平，这一现象表明在境外园区进行的投资项目具有相对更好的回报率。此外，值得注意的是，在新冠疫情冲击的 2020 年，园区内企业的净利润和总资产报酬率反而大幅增长。这一方面得益于园区良好的管理和服务，另一方面也体现出国际贸易不畅时，在越企业具有较强的生产和供应能力与经济韧性，这将进一步提升越南在全球制造业的吸引力，加速其承接产业转移，在此过程中，境外园区成为重要途径之一。

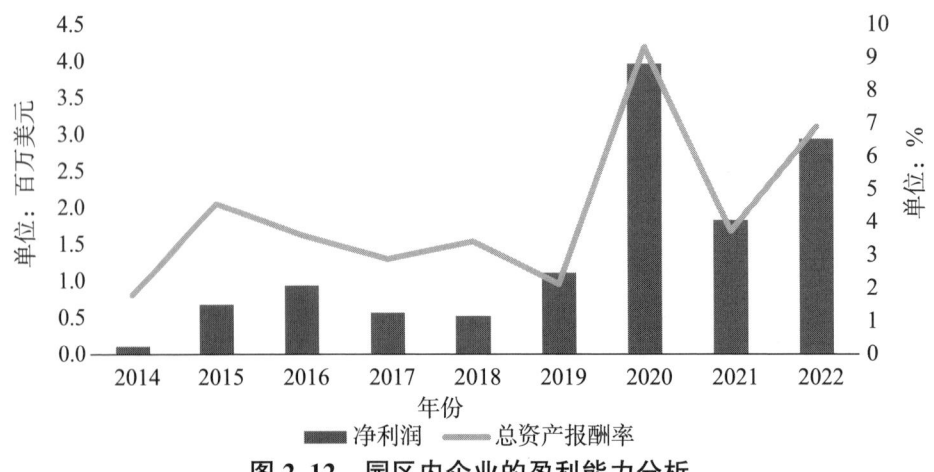

图 2.12　园区内企业的盈利能力分析

从偿债能力来看，园区内企业的资产负债率与在越企业的整体水平基本一致，稳定地维持在正常范围之内（如表2.5所示）。流动比率低于整体水平，但基本处于正常范围之内，企业短期偿债能力较好。从运营能力来看，园区内企业的总资产周转率和库存周转率略低于在越企业的整体水平，但高于制造业一般值，由于园区内企业均为制造业企业，这表明园区内企业的资产使用效率较高，经营状况良好。整体而言，园区内企业在偿债能力与资产盈利能力的权衡方面有良好的表现，这也得益于境外园区为企业提供的风险规避途径，在园区进行投资有效降低了企业的风险预期。

表2.5　园内企业的偿债能力与运营能力分析

	2014	2015	2016	2017	2018	2019	2020	2021	2022
资产负债率（％）	50.11	48.64	48.87	55.50	53.01	57.44	56.49	51.88	52.27
流动比率	1.02	1.37	2.65	1.41	1.75	1.29	1.39	1.68	2.12
总资产周转率（次）	1.07	0.94	1.03	1.10	0.96	0.88	1.02	0.96	1.10
库存周转率（次）	7.17	4.67	9.82	7.12	6.68	6.87	8.36	9.02	12.87

三、园区内中资企业对母国的供应链依赖情况分析

园区内企业绝大部分为加工制造企业，需进口原料进行生产加工，供应链安全性至关重要。为探讨园区内中资企业对母国的供应链依赖情况，本书进一步筛选出2019年1月1日—2023年9月30日存在海外采购的企业，统计各企业采购产品的提单数量与价格，并计算从中国采购产品的提单数量占总交易笔数的比例，以及中国总价占企业全部采购总价的比例，具体统计情况如表2.6所示。可以看出，园区内中资企业对母国的供应链依赖程度较高，从中国进口的产品占企业全部进口总额的近一半。这一方面体现出中越在产业结构上的互补性，对越投资可以有效提升生产效率；另一方面，较高的依赖程度也对在越企业的供应链安全与稳定发展提出了挑战，并且未来原产地规则的限制将对目前在越企业产生较大冲击，产业转移成为必然趋势。

表 2.6　园区内中资企业对母国的供应链依赖情况分析

企业名称	交易数	交易占比	总价（万美元）	总价占比	中国交易占比排名
A	985	6.6%	50107	27%	3
B	6	16.7%	10	21.1%	1
C	2495	8.6%	910	0.01%	2
D	612	93.0%	529	97.6%	1
E	479	28.2%	544	18.3%	1
F	55	56.7%	17	7.3%	1
G	1370	51.3%	806	84.6%	1
H	1706	57.5%	3438	58.8%	1
I	3612	92.5%	2344	72.9%	1
J	4497	5.7%	739	3.3%	3
K	192	100%	295	100%	1
L	144	75.4%	194	51.9%	1
M	5252	74.6%	11064	60%	1
N	930	25.1%	1672	62.7%	2
O	1232	10.5%	17555	15%	2
P	77	19.1%	166	41.6%	1
Q	347	28.0%	386	29.5%	2
R	4	100%	0.04	100%	1
S	2244	20.0%	15454	46.8%	2
T	3046	18.3%	5688	9.91%	3
U	5075	80.4%	1773	27.86%	1
均值	1381	46.0%	5414	44.6%	1.5

进一步识别园区内中资企业的在华母公司，统计园区内企业从母公司进口产品占从中国进口总数的比例，结果如表 2.7 所示。整体而言，在越企业对母公司的供应链依赖程度较高，平均占比为 44.8%，结合对母国供应链依赖情况的分析可知，在越企业从母公司进口的产品数量占其进口总数的平均

比例约为21%。具体来看，不同企业对母公司的依赖程度存在较大差异，其中，有6家企业与母公司的交易占比超过90%，此类企业生产高度依赖母公司。同时，有4家企业占比不足10%，3家企业未从母公司进口，此类企业与母公司的供应链联系相对疏松。此外，在越企业与母公司的交易一般通过专门的贸易进出口子公司实现，本书将此类子公司也包含在母公司的定义内，因此参与交易的境内企业不唯一。

表2.7 园区内中资企业对母公司①的供应链依赖情况分析

企业名称	参与交易企业数	交易数	交易占比
A	7	364	37.0%
B	1	0	0.0%
C	1	2310	92.6%
D	1	0	0.0%
E	3	1356	99.0%
F	3	1694	99.3%
G	4	3607	99.9%
H	1	1529	34.0%
I	1	61	42.4%
J	2	3706	70.6%
K	5	86	9.3%
L	4	74	6.0%
M	2	5	6.5%
N	3	335	96.6%
O	1	0	0.0%
P	3	30	1.3%
Q	3	105	18.9%
R	1	3771	92.5%
均值	2.6	1057	44.8%

① 此处的母公司指对越南投资的公司及其在华母公司或子公司。

第四节　中国企业对越南投资存在的优势及问题

从当前中国对越南投资的环境背景和现状来看，现阶段中国开展对越南投资具有以往阶段及其他国家或地区所不具备的优势与机遇，但同时也面临一些问题与风险。

一、中国企业对越南投资的优势与机遇

越南地理位置优越，毗邻中国，与中国的经贸合作密切。近年来，越南逐渐发展成为中国—东盟合作的重要战略支点，是中国通过"21世纪海上丝绸之路"辐射东南亚、南亚，直至非洲与欧洲的起点国家，两国政府积极推进共建"一带一路"倡议与"两廊一圈"框架对接。此外，越南在对外开放程度、本地市场需求、税收成本等诸多方面对中国企业具有较强的吸引力。

第一，越南的经贸开放程度高。越南不断放宽投资限制，根据OECD FDI限制指数，2018年越南的对外开放程度在东盟位于前列，仅次于新加坡和缅甸。

第二，中国的需求驱动型投资在越南有良好的发展前景。从人均GDP的角度进行衡量，2022年越南人均GDP达到4110美元，相当于中国2006年的水平。越南发展经验与中国改革开放高度趋同，中国的发展路径对越南有参考意义。目前越南的经济处于快速发展期，人口众多，具有大体量的消费需求，中国企业在越南的发展前景向好。

第三，越南政府对外商的政策支持力度大。中越两国投资合作伙伴关系行稳致远，在投资领域合作持续深化，得益于中越两国实施的一系列开放包容的投资政策（如表2.8所示）。在共建"一带一路"倡议的推进过程中，中国政府一直鼓励企业"走出去"，为此出台了减免税收、信息支持、

资金援助等多项政策为中国企业对越南投资创造便利条件。越南作为东道国也在积极与中国进行政策战略对接，并且与时俱进地修订《投资法》。在2021年的新《投资法》中，越南首次推行市场准入"负面清单"制度，很大程度上放宽了对国外投资者的限制。同时，越南为外资企业提供更加细致、明确的投资信息，也配置相应的资源以及给予一定的税收优惠条件。此外，当前越南政府的国企改革也是中国企业开展对越南投资进行跨国并购的有利契机。

表2.8 中越签署的主要经贸协定

时间	协定
1991年11月7日	《贸易协定》
1992年2月14日	《经济合作协定》
1992年12月2日	《关于鼓励和相互保护投资协定》
1994年4月9日	《关于货物过境的协定》
1994年11月22日	《关于保证进出口商品质量和相互认证的合作协定》
1994年11月22日	《关于成立经济、贸易合作委员会的协定》
1995年5月17日	《关于对所得避免双重征税和防止偷漏税的协定》
1998年10月19日	《边境贸易协定》
2006年11月16日	《关于开展"两廊一圈"合作的谅解备忘录》
2006年11月16日	《关于扩大和深化双边经贸合作的协定》
2009年8月15日	《中国—东盟自贸区投资协议》
2011年10月15日	《2012—2016年阶段中越经贸合作五年发展规划》
2013年5月11日	《中越经贸合作五年发展规划重点合作项目清单》
2016年9月14日	《2012—2016年阶段中越经贸合作五年发展规划延期和补充协议》
2017年11月13日	《关于确定2017—2021年中越经贸合作五年发展规划重点合作项目清单的谅解备忘录》
2017年11月12日	《关于推动"两廊一圈"框架和"一带一路"倡议对接的谅解备忘录》
2021年1月1日	《投资法》

续表

时间	协定
2022年6月4日	《2021—2030年外国投资合作战略》
2022年11月1日	《关于进一步加强和深化中越全面战略合作伙伴关系的联合声明》

数据来源：作者搜集整理。

第四，从地理位置、经济联系、战略意义来看，包括越南在内的东南亚国家都是中国开拓新发展空间的首选。

中国近年来始终与亚洲其他发展中国家保持着密切的投资联系。中国更多地将加工制造环节转移至对美国出口依然维持低关税水平的东南亚地区。越南与中国地理位置接近，拥有巨大的市场需求以及成本优势，同时没有受到采购配额和欧美等国的反倾销政策限制，这推动着中国企业加速对越南的投资扩张。

二、中国企业对越南投资存在的问题与挑战

越南内部条件的变化或不足是当前及未来中国对越南投资问题与风险的主要来源，包括供应链、交易成本、原产地、基础设施等多个领域的因素。作为正在努力向更高阶段的工业化迈进的发展中国家，越南内部存在"硬件"（主要指基础设施）与"软件"（市场环境、成本优势、政策制度）问题。

（1）投资市场竞争激烈

来自韩国、日本、中国、新加坡、欧盟等的大量外资进入越南，越南这块投资热土存在激烈的竞争与合作。不同的经济体对越南投资有着不同的考量和策略。当前日韩等国对越南的投资实践从长远上看更符合越南政府对该国未来经济发展的战略定位，有利于越南在全球价值链地位的攀升，在舆论上也更易于获得越南民众的好感与支持。

由于中国企业对越南的投资集中在价值链下游环节，低端产业的政策优惠和利润空间不断受到挤压，这对于中企而言是一种无形的压力。目前日本、韩国和新加坡等经济体对越南的投资已不再局限于简单的加工制造环节，而开始向产业链上的产品研发与零部件生产等中高端环节延伸，这对于现阶段

对越投资尚停留在中低端产业链环节的中国企业而言是一种难以避免的外来竞争压力。

此外，2023年是美越建立全面伙伴关系10周年，2023年4月14—16日，美国国务卿布林肯访问越南，寻求将美越两国的全面伙伴关系升级为全面"战略"伙伴关系，并且表示与越南在经贸领域的合作是双边关系的"压舱石"。同时，美国正在构建的"印太经济框架"针对性强，意图将中国排除在外。2023年5月27日，"印太经济框架"部长级会议在供应链领域达成协议，加强芯片、关键矿物等基本材料的供应链，减少对中国的依赖。

(2) 成本优势不可持续

近年来越南的生产要素成本上涨趋势较快，这是中企布局越南需要前瞻考虑的因素。大多数跨国企业注资越南的首要考量在于越南的生产成本较低，但是随着越南外资的增多及竞争的加剧，越南的成本优势正在逐渐丧失。越南在低端制造业中的竞争优势主要是低廉的人力成本，但是越南的劳动力成本优势不会一直持续下去。第一，越南的工资上涨幅度较大，中国企业从越南较低的劳动力成本中获取生产利润的窗口期可能仅仅还有十年。第二，越南的人口呈金字塔状，人口红利大约持续5—10年。第三，尽管越南的人均月收入远低于中国的人均月收入，但是越南的单位劳动成本远高于中国和东盟其他主要经济体。这意味着，将部分制造业产业链转移到越南的中国企业可能并没有降低企业的生产成本，反而挤压了利润空间。

此外，随着城市化总体水平的提高和重点城市容纳外资企业能力的日趋饱和，越南地租成本也将逐步提高，这意味着外国企业投资越南的利润空间将进一步被压缩。越南相对发达的城市，地租上涨速度较快，地价低廉的优势很快将不适用于胡志明市、河内等外资相对集中的地带。

值得关注的是，在越南政府用来吸引外资的税收优惠政策中，几乎每一项优惠条款都注明了5年至20年不等的有效期限。这意味着在2030年前后，越南针对外资的大部分税收优惠政策将会失效。此后越南政府是否会制定新的优惠条款尚无法确定，但随着外资的不断增多，为了扶植本土企业的发展，越南政府减少对外资企业的税收优惠的可能性更大。

（3）原产地规则限制

对全球产业链变迁与对外直接投资影响最为突出的国际规则之一是贸易制度中的原产地规则。在此背景下，随着越南所构建与经营的FTA网络的扩大，原产地规则多元化与碎片化问题的负面影响也将日益暴露出来。未来非CPTPP成员国出口中间产品并在越南进行简单的加工组装后再出口CPTPP成员国的产业链分工模式将会失效，中国企业基于这种模式对越南展开直接投资也可能不再享受有利条件。

来自各种高水平自贸协定与美国的压力迫使越南做出相应的政策调整。2019年8月，越南工贸部公布《关于确定越南产品或越南生产商品办法规定》草案，要求必须100%是海外进口原料，并在越南新增30%的附加值才能以"越南制造"的标签出口，以此避免外资企业通过越南出口至其他国家或地区的投机行为。这一连串的规则与政策变动对于中企对越投资提出了更多的限制条件与更高的要求，是现阶段中国企业对越南投资所不容忽视的风险。

（4）基础设施建设总体水平较低

越南基础设施建设的整体情况并不理想。在交通方面，越南国内以公路运输为主，铁路运输不发达，在越南境内的大规模货物运输需要耗费较高成本。此外，越南的物流行业高度分散，不同交通方式之间的对接较为薄弱。近年来外来投资主要集中于河内、胡志明市等基础设施建设在越南国内属于先进之列的城市。但随着这些城市容纳外资的能力渐趋饱和，中国企业将不得不面临基础设施条件落后的困境。

第五节 中国企业对越南投资趋势展望

近年来，中国对越南直接投资发生了重大变化，在排名、规模、形式、行业和地域等方面不断变动。如果说前期中国企业对越南直接投资主要集中在酒店、餐饮和小规模消费品生产领域，那么未来，中国企业将在加工制造业、基础设施建设、数字经济和绿色经济四大方面加强对越南的投资，保持活跃的投资态势。

一、提升制造业投资水平

继续发挥中国在加工制造业领域对越南投资的优势与潜力。中国与越南现有产业链互补性强，企业对越投资应注重产业链完整性。越南制造业集中在纺织、电子、机械等领域的下游加工或装配，中上游短板明显，依赖进口。中国制造业优势在于行业门类齐全，产业配套经验丰富，性价比高。面对在越南加强本地化生产的压力，中国企业可以利用产业链配套的丰富经验，围绕大企业投资布局。中国的加工制造业当前面临着一些发展困境：传统优势逐渐丧失，中高端制造业的发展速度与越南相比也较为缓慢，两国的制造业差距正在缩小。中国企业可以依托正处于发展上升期的越南来实现转型升级。

伴随着全球价值链的裂变重塑，中国与越南在价值链上的前后向关联日益紧密。这为越南承接中国部分产业转移提供了有利时机，也成为中国对越投资的内在动力。现阶段，中国在全球价值链上的地位正逐步向中高端迈进，越南的加工制造功能正值崛起的高峰期，中国作为越南加工制造业中间产品供应者的角色日益突出，这从根本上反映了中越制造业发展水平存在的差距与发展趋势。就中国与越南各自在全球价值链上的地位来看，二者主要处于价值链的中低端。虽然中国在全球价值链中的地位正在向中高端攀升，但总体仍处于中低端。越南加工制造业兴起时间较晚，其在全球价值链上的地位更低，这主要体现为越南明显更高的后向关联度和相对较低的前向关联度。

就中国与越南的价值链关联来看，越南对于中国的依附程度较高但不牢固。从图2.13可以看出，越南对中国的后向关联度远高于其对美、日、韩等国家的后向关联度，这说明越南对于来自中国的中间产品存在更高的依赖性[①]。

---

① 图2.13引用的是OECD TiVA数据库中的DEXFVAPSH（Foreign value added share of gross exports, by value added origin country）指标，数据代表在越南的出口额中，各经济体所创造的比重越大，说明该经济体对越南出口的中间产品越多，在越南的后向关联中的地位越高。表中选取的经济体是当前越南的主要贸易伙伴。

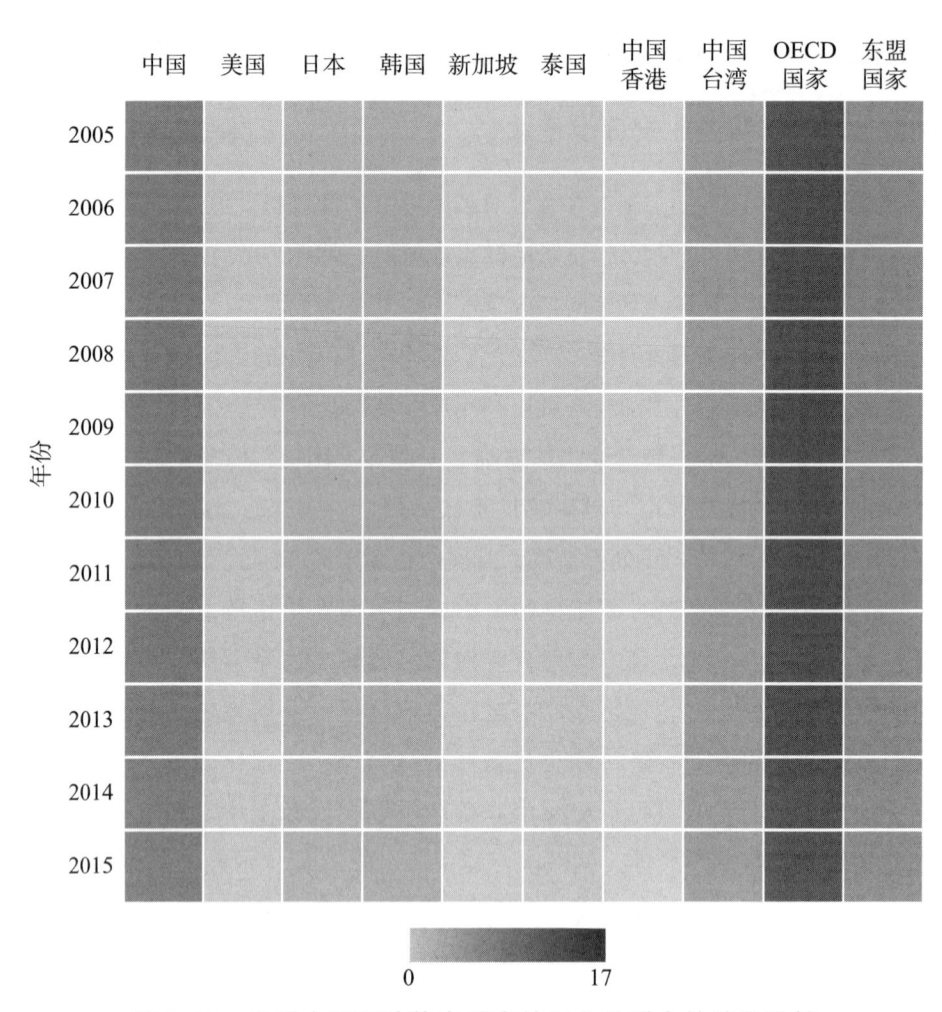

图 2.13 世界主要经济体在越南的后向关联中的地位比较

数据来源：OECD Statistics。

但是越南对中国的依赖关系并不牢固，这是由于目前中国与越南中间产品贸易额的增长，在很大程度上受到韩国投资的影响，该增长主要源于在华韩资企业和在越韩资企业之间中间产品进出口的增多，而并非由两国本土企业所创造。对此，中国对越南的投资不应再局限于简单的加工制造环节，而应该开始向产业链上的产品研发与零部件生产等中高端环节延伸。

二、增加基础设施建设

中国对越南非制造业投资主要集中在电力领域,中国企业要适当增加基础设施建设投资的比重。除少数省市外,越南大部分地方基础设施条件落后,因此,对基础设施投资表现出巨大需求。越南《2021—2030年铁路网规划和至2050年远景规划》指出,未来10年越南在铁路领域基础设施所需投资约105亿美元,这对于共建"一带一路"倡议背景下的中国对越南投资而言是一大机遇。

值得关注的是,由于中企在越南基础设施建设中存在较多的延期、超支、质量问题,导致越南对中企在基建投资上的信任度下降,转而增加对本国企业的基建投标。对此,中国企业要积极改进,加强监管力度,增加对越南的投资建设,填补和满足越南在基础设施建设领域的空白与巨大需求。从短期看中国企业可以从建设与后期的运营活动中获得经济效益,长期来看能显著改善越南的基础设施状况,为未来中国扩大对越南投资创造更为有利的条件。

三、抓住数字经济机遇

逐渐开拓中国在高新技术与信息产业中对越南的投资,这既是应对越南劳动力成本优势逐渐下降的有效措施,也是未来中国在与日本、韩国、新加坡等发达国家对越南投资的竞争中取胜的关键所在。越南企业需要数字化转型,是数字经济发展的热土。越南政府近年来颁布一系列推动数字经济发展的政策措施,高度重视工业4.0和数字经济带来的发展机遇。2020年6月,越南发布《2025年国家数字化转型计划及2030年发展方向》,旨在增加数字基础设施建设,推进数字技术的研发与创新。2021年1月越南发布《到2030年第四次工业革命国家战略》,加速数字经济的发展,优先发展5G、电子政务、宽带互联网等产业。

越南所制定的2030年工业化发展具体目标是:工业在GDP中占比超过40%,其中制造业和加工业在GDP中占比超过30%,高科技产品产值在制造业和加工业中占比超过45%。越南拥有近亿的人口规模,年龄结构总体较为年轻,互联网使用用户比重较大,在信息化与电子商务方面具有潜力。中国企业在高新技术和信息产业中的竞争力不断提高，面对巨大的市场需求，中国企业应该抓住数字经济发展机遇，增加对高科技电子制造业企业的投资。

越南电子商务市场规模快速增长，在东南亚地区仅次于印度尼西亚和泰国，位于第三位。2016年B2C电子商务市场规模仅50亿美元，2018年增至80.6亿美元，2022年增长至164亿美元，年均增速20.85%。根据越南中央经济管理研究所预测，2025年越南电商市场规模将增长到490亿美元。据谷歌预测，2025年越南电商市场规模有望突破570亿美元[1]。电子商务是中越双边经贸往来的重要领域，2017年中越签署《关于加强电子商务合作的谅解备忘录》，发挥电子商务合作工作组作用，加强政策沟通和经验分享。此外，中越同为RCEP成员，在RCEP电子商务章节的指导下，中国企业可以利用具有本国特色的发展经验，积极在跨境电商等领域对越南进行投资，帮助越南企业利用电子商务拓宽营销渠道。

四、推动绿色经济发展

越南政府鼓励企业加快绿色转型，支持可再生能源和新能源开发利用，积极开展绿色低碳国际合作，鼓励在绿色经济产业的投资。中国贯彻新发展理念，推动高质量绿色发展，节能减排、生态建设、环境保护等方面的政策体系逐渐完善。在中国—东盟合作框架下，中越两国经贸互补性强，产业衔接紧密，在应对气候变化中有着广阔的合作前景，中国企业在绿色转型方面有着领先经验，可以通过合资、并购等为正在推进工业化进程的越南提供绿色发展经验。

现在，中国对越南投资正在经历由"主动布局"到"被动应对"的转变。投资初期，中国企业考虑到越南的低成本和高利润主动选择在越南建厂生产。投资后期，由于越南成本红利的逐渐消失，中国应将维持产业链和供应链稳定置于首要位置，在企业利润与生产稳定中积极寻求最优解。在全球产业链重塑的发展趋势下，中国企业应采取多元化布局战略，渐进性地改善对越南投资的行业结构，最大限度保证产业链、供应链的正常运行。

---

[1] 中华人民共和国商务部. 2025年越南电子商务市场规模有望达到570亿美元［EB/OL］. (2022-11-7). http://vn.mofcom.gov.cn/article/jmxw/202211/20221103365446.shtml.

第三章
中国企业对泰国投资的现状与展望

泰国（全称"泰王国"），位于亚洲中南半岛中南部，是东盟的成员国之一，21世纪以来一直是东盟第二大经济体，地处东盟的中心位置，与老挝、缅甸、柬埔寨和马来西亚接壤，是重要的区域交通运输枢纽。泰国投资促进委员会（BOI）的数据显示，2023年1—9月泰国外商投资总申请额为3985.27亿泰铢，较上一年同比增长43.30%，泰国外商实际投资额[①]为3797.29亿泰铢，较上一年同比增长69.84%；2023年1—9月中国对泰国投资申请项目数为264个，占泰国外商投资总申请项目数的29.01%，投资申请额为974.64亿泰铢，占泰国外商投资总申请额的24.46%，中国是泰国的第一大外国投资来源地。

泰国政府于2016年正式提出"泰国4.0"战略，2017年正式提出"东部经济走廊"（Eastern Economic Corridor）概念，2018年正式启动"东部经济走廊"项目。泰国政府为"东部经济走廊"投资项目制定了一系列的激励政策，包括企业所得税减免等税收优惠政策和金融交易、土地所有权等方面的非税收优惠政策。"东部经济走廊"建设所支持的机场、港口、铁路发展项目的开发与实施不仅有利于物流畅通、运输成本降低，而且有利于带动当地旅游业的发展，不断推进基础设施的完善，提升运输的便利性和人才引进效率，促进区域互联互通。"东部经济走廊"特区已确立21个目标产业促进园区，一半以上的园区地处春武里府，其中春武里阿玛塔城工业区（项目2）的目标产业数量最高，共计9个。各个园区的目标产业略有不同，这些园区的目标产业涵盖了未来一代汽车、智能电子、自动化与机器人、航空与物流、数字经济、高端旅游及保健旅游业、全方位医疗、未来食品、生物燃料和生物化学、先进农业和生物技术，未来一代汽车产业的园区数量最多，高达18个，其次是智能电子产业、自动化与机器人、航空与物流产业、数字经济，园区数量分别为15、11、10和8个。[②] 目前泰国正在实施的五年投资促进战略（2023—2027年）旨在促进投资，重塑国家经济，使国家经济实现创新性、竞争性和包容性发展。中泰关系顺利稳步发展，共建"一带一路"倡议同"泰

---

① 即泰国外商投资项目申请通过的投资金额。
② 资料来源：https://www.eeco.or.th/cn/promotional-zone.

国4.0"战略、"东部经济走廊"建设等发展战略对接正不断深化。在当前国际形势复杂严峻、国内经济转型升级面临诸多挑战的现实背景下，中国国内企业可以抓住在泰国的投资机遇，积极开拓海外市场，加强与泰国当地企业合作，加快产品结构调整，进而实现转型升级。

第一节 中国企业对泰国投资发展历史及现状

一、中国企业对泰国投资历程

中国企业对泰国的直接投资起步较晚，前期发展缓慢，后期逐渐成为泰国的主要外资来源地之一。最早进入泰国的中资企业是中国建筑工程总公司（目前企业名称为中国建筑集团有限公司），[①] 1987年至今泰国投资促进委员会每年都会收到来自中国的直接投资项目申请，国际金融危机发生之前，每年来自中国的直接投资项目申请数量不多，并且在小幅范围内波动；国际金融危机发生后，每年来自中国的直接投资项目申请数量整体呈现出较强的上升趋势，2017—2022年申请数量都超过100个。[②] 从1984—2022年中国对泰国直接投资净额来看（如图3.1和图3.2所示），2001年之后中国对泰国直接投资净额呈现出显著且良好的发展趋势，国际金融危机之后整体上升趋势更加明显，但呈现出了较强的波动性；2018—2022年中国对泰国直接投资净额（现价）始终处在200亿泰铢以上的高位运行区间。2022年中国对泰国直接投资净额占当年中国对外直接投资净额的0.8%，无论是对外直接投资净额还是对外直接投资累计净额（简称"存量"），泰国都排在中国对外直接投资的国家（地区）中的前二十位。2022年在对东盟十国的投资中，中国对泰国直接投资净额

---

① 资料来源：http://th.mofcom.gov.cn/article/ztdy/200703/20070304476966.shtml。
② 资料来源：上海司尔亚司数据信息有限公司（简称"CEIC"）数据库。

排在第五位。①

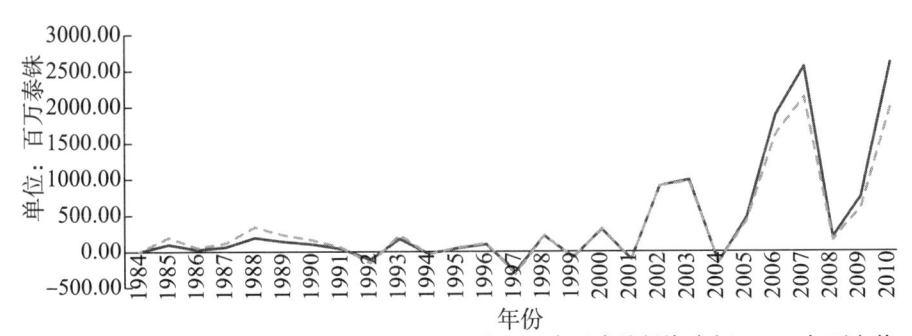

图 3.1　1984—2010 年中国对泰国直接投资净额

资料来源：CEIC 数据库。

注：数据依据《国际收支和国际投资头寸手册》（第五版）统计。中国对泰国直接投资净额（2002 年不变价）是使用世界银行的泰国 GDP 平减指数换算所得。

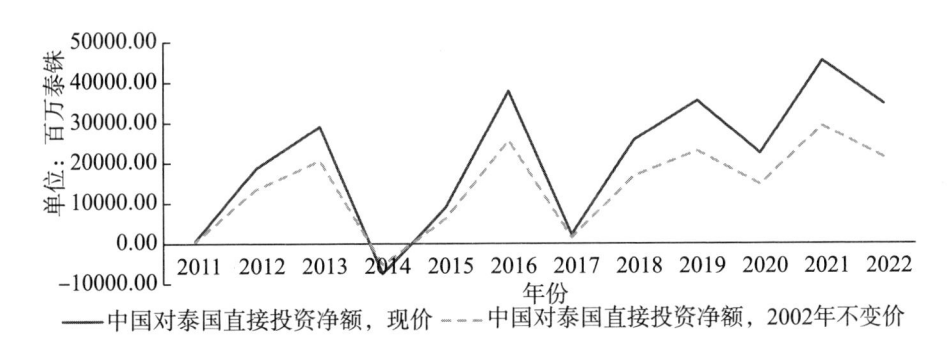

图 3.2　2011—2022 年中国对泰国直接投资净额

资料来源：CEIC 数据库。

注：数据依据《国际收支和国际投资头寸手册》（第六版）统计。中国对泰国直接投资净额（2002 年不变价）是使用世界银行的泰国 GDP 平减指数换算所得。

从 2007—2022 年中国对泰国直接投资存量来看（如图 3.3 所示），2007—2022 年中国对泰国直接投资存量逐年增加，年均增长率为 24.85%，国际金融危机发生后，一直展现出较为强劲的增长态势；2010—2022 年中国

---

① 资料来源：《2022 年度中国对外直接投资统计公报》。

对泰国直接投资存量在对东盟直接投资存量中的占比落在5.4%—7.6%这一区间内。中国对泰国的直接投资面临机遇，如泰国基础设施建设逐步完善、泰国出台各项外商投资优惠政策。依据泰国的投资优惠政策，满足享受投资优惠权益条件的投资项目，可以享受税收优惠和非税收优惠权益，根据行业类别的不同，免征企业所得税的时长也有所区别；一些特殊项目比如向泰国国内科研机构提供支持的项目，还可以在基础优惠权益之上享受额外优惠权益；投资当地人均收入偏低的20个府的项目也可以享受额外优惠权益；投资于享受投资优惠的工业园区、科技园区（属于目标产业类别）、经济发展特区、"东部经济走廊"开发区的项目可以享受相应的优惠权益。中国对泰国的直接投资也面临挑战，如中泰两国语言、文化习俗差异等方面的社会文化差异可能引发境外企业管理问题以及泰国当地政治风险给境外企业的经营带来不确定性等。中国企业在泰国投资面临的政治风险包括当地政策变化、廉政建设问题、部分地区局势不稳等，面临的法律风险涉及知识产权、劳动用工、环境保护等方面。在泰国投资的中国企业还会面临产品品牌知名度低和市场份额小、投资规模小而且规模经济难实现等成长困境。

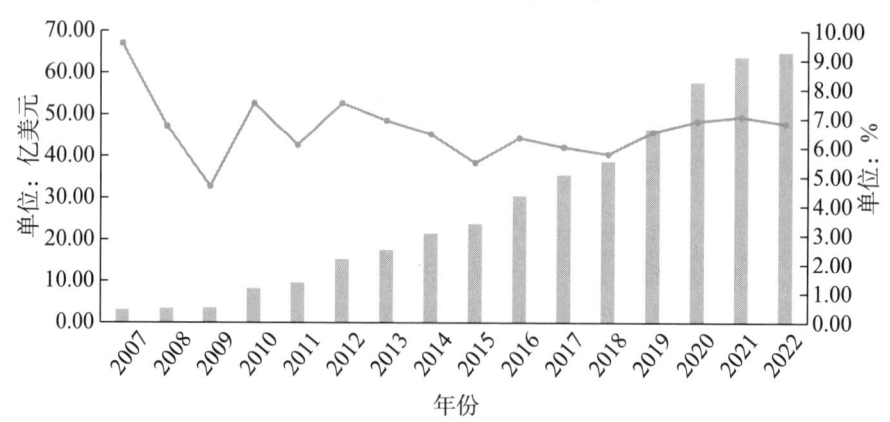

图3.3　2007—2022年中国对泰国直接投资存量

资料来源：历年《中国对外直接投资统计公报》。

注：中国对泰国直接投资存量（亿美元，2002年不变价）是使用世界银行的泰国GDP平减指数换算所得。中国对泰国直接投资存量占比＝（中国对泰国直接投资存量名义值/中国对东盟直接投资存量名义值）×100%。

二、中国企业对泰国投资特征

从各年度中国对泰国实际投资项目的行业分布情况来看（如表 3.1 所示），2015—2022 年中国对泰国年均实际投资项目约 120 个，技术与创新发展部门的实际投资项目数量始终为 0。事实上，在此期间中国对泰国技术与创新发展部门的申请投资项目数量也一直为 0，并且泰国技术与创新发展部门的外商投资项目申请数量非常少，2021 年和 2022 年数量都为 0，这反映了泰国技术与创新发展部门吸引外资的能力仍有待提升；中国对泰国实际投资项目累计数量最多的行业是金属制品和机械设备行业，其次是服务业、电器和电子产品行业以及化学制品和纸业，2018—2022 年中国对泰国年度投资项目数量最多的行业是金属制品和机械设备行业，对该行业投资项目数量占当年总投资项目数量的比例均不低于 25%。据泰国投资促进委员会网站的中国对泰国实际投资项目金额数据，2021 年大部分资金流向了金属制品和机械设备部门、电器和电子产品部门，2022 年大部分资金流向了轻工业或纺织业、电器和电子产品部门；2015—2022 年中国对泰国实际投资项目金额按行业累计结果显示，8 年间中国对泰国实际投资项目一半以上的资金流向了金属制品和机械设备部门、电器和电子产品部门。纺织业作为泰国的支柱产业之一，近年来吸引了较多来自中国的投资项目，但 2015—2022 年流向轻工业或纺织业的资金仅占中国对泰国实际投资项目金额的 9.54%。近年来，中国对泰国实际投资项目主要集中于制造业，涵盖了劳动密集型、资源密集型、资本密集型、技术密集型制造业。从近两年中国对泰国实际投资项目的资金流向来看，有向资本或技术密集型制造业集中的趋势，这一情况有待进一步观察，劳动密集型产业吸引的资金仍占有较高的比重。有学者认为，未来几年中国企业在泰国投资的重点行业会向数字科技、智能旅游等方向发展。

表 3.1　2015—2022 年中国对泰国实际投资项目的行业分布情况

年份	农产品	矿产和陶瓷制品	轻工业/纺织业	金属制品和机械设备	电器和电子产品	化学制品和纸业	服务业	技术与创新发展	合计
2015	11	4	2	22	16	14	12	0	81
2016	14	8	6	19	18	10	31	0	106
2017	9	4	4	16	13	5	24	0	75
2018	7	4	3	27	21	15	20	0	97
2019	12	7	34	47	24	23	13	0	160
2020	11	15	24	55	40	21	15	0	181
2021	16	2	15	32	23	17	12	0	117
2022	11	4	12	25	22	14	12	0	100

资料来源：泰国投资促进委员会网站。

第二节　中国境内投资者特征分析

一、中国境内投资者行业分布

2015—2022 年中国 417 家境内投资者在泰国共设立 431 家对外直接投资企业（简称"境外企业"），其中 11 家境内投资者在泰国投资了不止 1 家企业[①]。截至 2023 年 9 月底，411 家境外企业仍在运营中，20 家境外企业或完

[①] 本书首先基于中国商务部"走出去"公共服务平台中国企业境外投资企业（机构）名录，搜集到中国在泰国投资的境外企业 789 家（包括绿地投资和跨国并购）和中国境内投资者 725 家。然后，在企查查、BvD（Bureau van Dijk Editions Electroniques SA）数据库下的亚太企业分析库（Oriana）和境内投资者官网、https://www.info-clipper.com/en/等网站中通过手动搜索方式共获取 436 家 2015 年及之后成立的泰国中资企业的企业代码。最后，在企查查搜集到这 436 家泰国中资企业成立日期等信息（2023 年 9 月底查询）。可以明确其中 431 家泰国中资企业于 2015—2022 年成立，由中国 417 家境内投资者投资设立，其中 397 家泰国中资企业财务数据等经营信息均可通过企查查查询到。下文如无特别说明，泰国中资企业经营信息数据均取自企查查（2023 年 9 月底查询），不再赘述。

成清算或被弃用或结束运营。从417家中国境内投资者行业分布情况来看（如表3.2所示），8年间在泰国投资建厂的中国境内投资者所属行业涵盖了国民经济的14个行业大类，一半以上的境内投资者来自制造业，62家境内投资者所属行业为批发和零售业；科学研究和技术服务业的境内投资者所占份额为13.67%；信息传输、软件和信息技术服务业，租赁和商务服务业以及建筑业的境内投资者数量都不低于15家。投资泰国的中国制造业、科学研究和技术服务业境内投资者中的微型企业占比相对较小，均未超过4%；批发和零售业的境内投资者则多为中型或小型企业；建筑业的境内投资者更多属于大型企业；租赁和商务服务业境内投资者中的大型企业数量相对较少；信息传输、软件和信息技术服务业的境内投资者企业规模分布相对均匀。总体而言，2015—2022年在泰国投资的中国境内投资者中，微型企业数量最少，占比不超过8%，小型企业数量最多，其次是大型企业，占比均超过31%，中型企业占比超过28%。

表3.2　417家中国境内投资者行业分布情况

国标行业门类	大型企业数量（个）	中型企业数量（个）	小型企业数量（个）	微型企业数量（个）	合计数量（个）
制造业	70	61	76	7	214
批发和零售业	6	26	21	9	62
科学研究和技术服务业	22	11	22	2	57
建筑业	19	2	3	0	24
租赁和商务服务业	2	6	9	6	23
信息传输、软件和信息技术服务业	4	5	2	4	15
房地产业	2	3	1	0	6
交通运输、仓储和邮政业	0	4	1	0	5
居民服务、修理和其他服务业	2	0	1	0	3
金融业	0	0	0	3	3

续表

国标行业门类	大型企业数量（个）	中型企业数量（个）	小型企业数量（个）	微型企业数量（个）	合计数量（个）
农、林、牧、渔业	1	0	1	0	2
水利、环境和公共设施管理业	1	0	0	0	1
电力、热力、燃气及水生产和供应业	1	0	0	0	1
文化、体育和娱乐业	0	0	0	1	1
合计	130	118	137	32	417

资料来源：作者搜集整理。

二、中国境内投资者地理位置分布

417家境内投资者来自中国的25个省级行政区，遍布中国的4个直辖市和90个地级行政区（如表3.3所示），境内投资者主要分布于"胡焕庸线"的东南地区，这与"胡焕庸线"两侧地区差异巨大的经济发展状况有关；并且境内投资者主要集中于华东、华南、华中和西南地区，数量占比86.81%，仅华东地区便集中了61.39%的境内投资者。具体而言，华东、华南、华中和西南地区的境内投资者数量分别为256、54、27和25家，这与各地区的地理位置、基础设施建设水平、经济发展水平等因素紧密相关；境内投资者数量排在前三位的省级行政区分别是浙江省、江苏省和广东省，成为2015—2022年中国对泰国直接投资的主要来源地，境内投资者数量占比达到72.90%。处于沿海地区的河北省、天津市、广西壮族自治区、海南省和辽宁省境内投资者数量占比不足5%。境内投资者数量超过10家的直辖市有北京市和上海市，城市有杭州、苏州、宁波、无锡、深圳、金华和青岛。

表 3.3　417 家中国境内投资者地理位置分布情况

省级行政区	境内投资者数量	省级行政区	境内投资者数量	省级行政区	境内投资者数量
浙江省	96	云南省	11	山西省	3
江苏省	77	安徽省	11	河南省	3
广东省	47	四川省	10	宁夏回族自治区	2
北京市	30	江西省	8	海南省	2
山东省	30	天津市	6	吉林省	1
上海市	22	河北省	6	辽宁省	1
福建省	12	陕西省	5	内蒙古自治区	1
湖北省	12	广西壮族自治区	5		
湖南省	12	重庆市	4		

资料来源：作者搜集整理。

第三节　中国企业在泰国的经营绩效分析

一、泰国中资企业总体特征分析

（1）泰国中资企业设立数量情况

从各年度中国在泰国设立企业数量来看（如图 3.4 所示），2015—2022 年中国在泰国年均设立 54 家企业，2019 年成立境外企业数量 105 家，2015—2019 年成立境外企业数量整体呈现上升趋势，之后出现大幅度回落，2021 年回落到了 2015 年水平，2022 年较 2021 年有小幅提升。

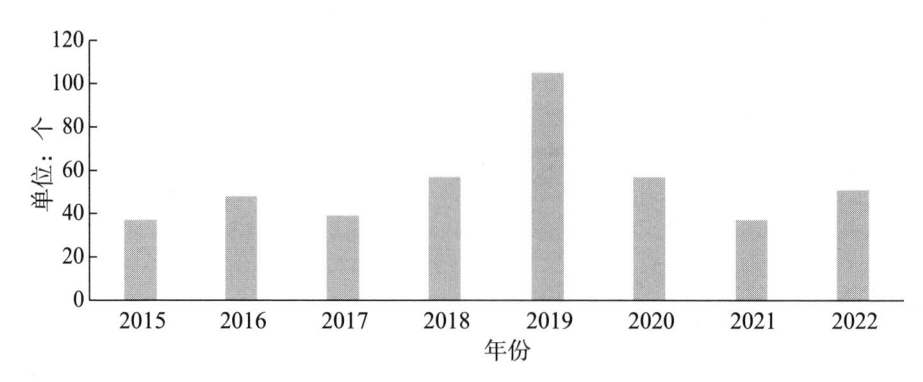

图 3.4　2015—2022 年中国在泰国设立企业数量

资料来源：作者搜集整理。

(2) 泰国中资企业地理位置分布

2015—2022 年中国在泰国设立企业按区域分布情况来看（如表 3.4 所示），8 年间中国在泰国设立的 431 家境外企业选址覆盖了当地 21 个府级行政区，截至 2023 年 9 月，泰国共有 77 个府级行政区，中国在泰国设立的境外企业覆盖率为 27.27%。作为泰国首都的曼谷集中了其中 30% 以上的境外企业；作为泰国重要工业基地、跨国汽车公司聚集地的罗勇府吸引了其中 20.88% 的境外企业；春武里府是泰国的东部沿海发展项目中心，17.63% 的境外企业聚集于此；北榄府与曼谷相邻，每年平均大约 4.4 家中国的境外企业入驻此地；大城府同样与曼谷相邻，每年平均大约 2.8 家中国的境外企业进入该府；其他 16 个府共吸引了 15.55% 的境外企业。"东部经济走廊"项目涵盖北柳府、春武里府和罗勇府，将这三个府设立为经济特区，北柳府、春武里府和罗勇府共吸引了近四成的境外企业，可以观察到 2018 年和 2019 年进驻罗勇府和春武里府的境外企业数量较 2015—2017 年都明显增多，尤其是 2019 年春武里府吸引的境外企业数量与曼谷一致。参照 NESDC 的各府人均生产总值数据可知，431 家境外企业选址所覆盖的 21 个府级行政区的经济发展水平都相对较好，2021 年人均生产总值超过了 12 万泰铢。

表 3.4　2015—2022 年中国在泰国设立企业按区域分布情况

府名	2015	2016	2017	2018	2019	2020	2021	2022	合计
曼谷	22	24	14	19	27	12	12	11	141
罗勇府	7	7	7	11	25	13	9	11	90
春武里府	0	8	5	11	27	13	4	8	76
北榄府	3	3	3	4	8	7	0	7	35
大城府	0	2	3	2	5	3	2	5	22
巴真府	1	0	0	1	1	3	2	5	13
巴吞他尼府	2	2	1	0	1	3	1	0	10
清迈府	0	0	3	3	1	1	0	0	8
龙仔厝府	0	1	0	2	1	0	2	2	8
暖武里府	1	0	0	1	4	0	0	1	7
北柳府	0	0	1	2	0	0	3	0	6
佛统府	0	0	0	0	0	1	1	1	3
呵叻府	1	0	0	1	0	0	1	0	3
沙拉武里府	0	1	0	0	1	0	0	0	2
佛丕府	0	0	0	0	1	0	0	0	1
叻丕府	0	0	0	0	0	1	0	0	1
宋卡府	0	0	0	0	1	0	0	0	1
春蓬府	0	0	1	0	0	0	0	0	1
普吉府	0	0	1	0	0	0	0	0	1
甲米府	0	0	0	0	1	0	0	0	1
素叻他尼府	0	0	0	0	1	0	0	0	1

资料来源：作者搜集整理。

(3) 泰国中资企业注册资本

从 2015—2022 年中国在泰国设立企业的年度注册资本情况来看（如图 3.5 所示），2015—2022 年中国在泰国设立的 431 家境外企业注册资本共计 1336.66 亿泰铢，各年度境外企业注册资本合计值呈现出较大幅度的波动，2020 年以来逐年减少。2015—2022 年中国在泰国设立的企业按注册资本分类情况来看（如图 3.6 所示），2015—2022 年中国在泰国设立的 431 家境外企业中，注册资本在 500 万泰铢以下的境外企业数量占 13.92%，注册资本不低于 500 万泰铢；注册资本在 1000 万泰铢以下的境外企业占 11.14%，注册资本不低于 1000 万泰铢；注册资本在 6000 万泰铢以下的境外企业占 24.59%，注册资本不低于 6000 万泰铢；注册资本在 1 亿泰铢以下的境外企业占 7.89%；注册资本不低于 1 亿泰铢的境外企业占 42.46%。截至 2023 年 9 月底，已经停止运营的 20 家境外企业中，85% 的境外企业注册资本低于 1000 万泰铢，50% 的境外企业注册资本低于 500 万泰铢。

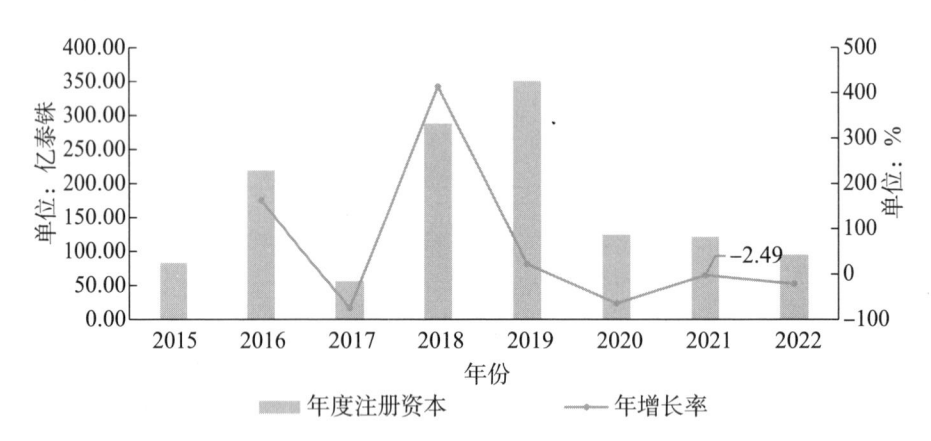

图 3.5　2015—2022 年中国在泰国设立企业的年度注册资本情况

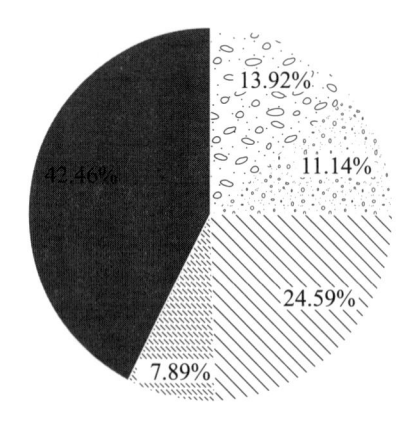

图 3.6　2015—2022 年中国在泰国设立的企业按注册资本分类

第三章 中国企业对泰国投资的现状与展望

（4）泰国中资企业行业分布

2015—2022年中国在泰国设立企业按行业分布情况来看（如图3.7所示），中国境内投资者在泰国设立的429家境外企业涉及16个行业大类，在中国投资泰国的境外企业中，制造业境外企业占据将近五成，批发、零售贸易与机动车辆、摩托车修理行业的境外企业占23.08%，建筑业境外企业占6.06%，专业和科技活动、运输和储存行业的境外企业分别占5.59%和3.73%，其他11个行业的境外企业占比均低于3%。2015—2022年中国在泰

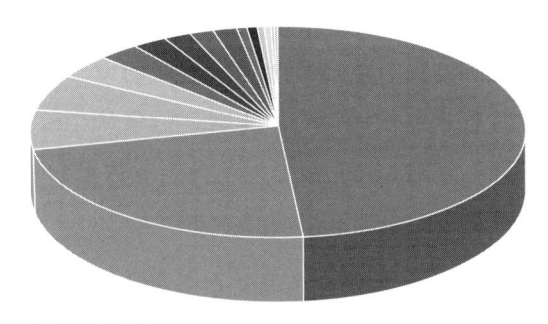

■制造业，48.48%
■批发、零售贸易与机动车辆、摩托车修理，23.08%
■建筑，6.06%
■专业和科技活动，5.59%
■运输和储存，3.73%
■金融和保险业，2.8%
■房地产业，2.33%
■电力、燃气、蒸汽和空调供应，1.86%
■信息和通讯业，1.63%
■水供应、污水处理、废物管理和补救活动，1.63%
■教育，0.7%
■行政和支持服务活动，0.7%
■人类健康和社会工作活动，0.47%
■住宿和餐饮业，0.47%
■农林渔业，0.23%
■艺术、娱乐和文娱活动，0.23%

图3.7　2015—2022年中国在泰国设立企业按行业分布情况

资料来源：作者搜集整理。

注：依据企查查官网各境外企业的注册商业类型信息确定境外企业所属的行业大类，使用的行业分类标准为泰国商务部业务发展司公布的泰国标准行业分类（Thailand Standard Industrial Classification，TSIC）2009年版，2家境外企业注册商业类型的数据缺失，因此仅统计了429家境外企业行业分布情况。

· 61 ·

国设立企业的注册资本按行业分布情况来看（如表3.5所示），中国境内投资者在泰国设立429家境外企业的注册资本共计1303.00亿泰铢，流向制造业的注册资本最多，为743.96亿泰铢，占比57.10%，流向批发、零售贸易与机动车辆、摩托车修理，电力、燃气、蒸汽和空调供应，房地产，运输和储存，金融和保险，专业和科技活动行业的注册资本共计520.68亿泰铢，占比39.96%。中国在泰国设立的409家仍在运行企业（2015—2022年设立）按行业分布情况来看（如图3.8所示），境外企业所涉及的行业大类减少至15个；制造业，批发、零售贸易与机动车辆、摩托车修理行业，建筑业，专业和科技活动行业，运输和储存行业，金融和保险业的境外企业数量占比仍然排在前六位；制造业境外企业的份额有所提升，数量从208家增长至216家；专业和科技活动行业、运输和储存行业的境外企业数量分别减少了8家和6家；信息和通信业境外企业数量略有增多。

表3.5　2015—2022年中国在泰国设立企业的注册资本按行业分布情况

行业	注册资本（亿泰铢）	占比（%）
制造业	743.96	57.10
批发、零售贸易与机动车辆、摩托车修理	129.43	9.93
电力、燃气、蒸汽和空调供应	100.68	7.73
房地产业	92.75	7.12
运输和储存	84.74	6.50
金融和保险业	74.28	5.70
专业和科技活动	38.80	2.98
水供应、污水处理、废物管理和补救活动	19.74	1.52
建筑	10.41	0.80
信息和通信业	5.69	0.44
住宿和餐饮业	1.05	0.08
农林渔业	0.55	0.04
人类健康和社会工作活动	0.51	0.04
教育	0.22	0.02

续表

行业	注册资本（亿泰铢）	占比（%）
行政和支持服务活动	0.14	0.01
艺术、娱乐和文娱活动	0.05	0.00
合计	1303.00	100.00

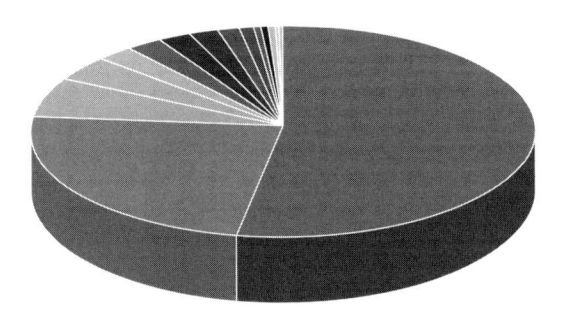

资料来源：作者搜集整理。

■ 制造业，52.81%
■ 批发、零售贸易与机动车辆、摩托车修理，23.72%
■ 建筑，6.11%
■ 专业和科技活动，3.91%
■ 运输和储存，2.44%
■ 金融和保险业，2.44%
■ 信息和通讯业，2.2%
■ 房地产业，1.96%
■ 电力、燃气、蒸汽和空调供应，1.47%
■ 行政和支持服务活动，0.98%
■ 住宿和餐饮业，0.49%
■ 农林渔业，0.49%
■ 教育，0.49%
■ 人类健康和社会工作活动，0.24%
■ 水供应、污水处理、废物管理和补救活动，0.24%

图 3.8 409 家仍在运行的境外企业（2015—2022 年设立）按行业分布情况

资料来源：作者搜集整理。

注：2015—2022 年在泰国设立的境外企业仍在运行中的有 411 家，2 家境外企业注册商业类型数据缺失，最新注册商业类型数据未缺失，2 家境外企业属于制造业企业。为方便对比，图中的统计数据中不含这 2 家境外企业，因此图中统计的是 409 家境外企业按行业分布情况。

共有75家境外企业所从事的行业发生了转变[①]，其中74家境外企业仍在运行中；批发、零售贸易与机动车辆、摩托车修理行业的境外企业发生行业转换的数量最多，多达22家；所从事的行业发生转变，并且转向从事制造业的境外企业数量最多，多达28家，接近4成转变所从事行业的境外企业选择从事的是制造业；13家境外企业从制造业转向了批发、零售贸易与机动车辆、摩托车修理行业，占制造业境外企业[②]的6.25%；最开始从事专业和科技活动行业的境外企业，有10家境外企业转移到了其他行业，转向的行业种类偏多，包括建筑业，农林渔业，批发、零售贸易与机动车辆、摩托车修理行业，行政和支持服务活动行业（仅1家并且已经结束运行），制造业。

从2015—2022年中国在泰国设立企业的历年行业分布情况来看（如表3.6所示），2019年中国境内投资者在泰国设立的境外企业所涵盖的行业大类数量最多，随后每年境外企业所涵盖的行业大类数量不再发生变化；2020—2022年中国境内投资者在泰国金融和保险业，行政和支持服务活动行业，艺术、娱乐和文娱活动行业，住宿和餐饮业，农林渔业领域均未新设立境外企业；2015—2022年泰国制造业每年吸引来自中国投资设立的企业数量基本上是最多的，新冠疫情发生后企业数量锐减，但仍高于2017年水平，反映出中国境内投资者有较好的竞争实力，泰国制造业对于内外部环境变化有较强的应变能力；2015—2022年泰国专业和科技活动行业每年吸引来自中国投资设立的企业至少1家，数量变化大致稳定；泰国建筑业吸引来自中国投资设立的企业数量受新冠疫情影响较小。

表3.6　2015—2022年中国在泰国设立企业的历年行业分布情况

行业大类	2015	2016	2017	2018	2019	2020	2021	2022
制造业	12	14	10	26	65	36	21	24
批发、零售贸易与机动车辆、摩托车修理	8	12	16	15	16	11	6	15

① 通过对比境外企业注册商业类型信息所对应的行业大类与境外企业最新注册商业类型信息所对应的行业大类来确定。
② 依据境外企业注册商业类型信息所对应的行业大类进行划分。

续表

行业大类	2015	2016	2017	2018	2019	2020	2021	2022
专业和科技活动	2	2	2	3	6	3	1	5
运输和储存	3	1	1	1	6	0	0	4
建筑	4	7	3	3	2	2	4	1
房地产业	1	2	1	2	1	2	0	1
教育	0	1	0	0	1	0	0	1
电力、燃气、蒸汽和空调供应	3	0	1	0	0	1	3	0
信息和通信业	1	1	0	1	3	0	1	0
人类健康和社会工作活动	0	0	0	0	1	0	1	0
水供应、污水处理、废物管理和补救活动	1	0	1	3	0	2	0	0
金融和保险业	1	5	4	1	1	0	0	0
行政和支持服务活动	1	0	0	0	1	0	0	0
艺术、娱乐和文娱活动	0	0	0	0	1	0	0	0
住宿和餐饮业	0	1	0	0	1	0	0	0
农林渔业	0	1	0	0	0	0	0	0
行业数量	11	11	9	10	13	7	7	7

二、泰国中资企业总体经营绩效分析

（1）泰国中资企业总营收情况

从各年度中国在泰国设立企业的总营收合计值来看（如表3.7所示），2018年中国在泰国设立的111家境外企业总营收合计值最高，主要是由于当年上海华谊集团股份有限公司于2016年在泰国成立的华谊集团（泰国）有限公司的总营收高达1.01万亿泰铢，占当年总营收合计值的94.65%。从中国在泰国设立企业的总营收数据发现，2018—2022年总营收超过当年111家境外企业平均总营收的境外企业数量分别为2、12、13、20和19。经过6%和97%分位的截尾处理后，2019—2022年97家境外企业总营收合计值逐年增长，年均总营收超过1.70亿泰铢，整体而言，中国在泰国设立的境外企业发展态势良好。

表 3.7　中国在泰国设立企业的总营收年度合计值

	企业数量	2018年	2019年	2020年	2021年	2022年
总营收合计值（亿泰铢）	111	10670.81	782.63	1072.39	708.26	1074.77
总营收均值（亿泰铢）	111	96.13	7.05	9.66	6.38	9.68
总营收合计值（亿泰铢）（双边截尾）	97	—	174.15	258.30	355.11	432.83
总营收均值（亿泰铢）（双边截尾）	97	—	1.80	2.66	3.66	4.46

资料来源：作者搜集整理。

注：基于企业代码，在企查查官网共搜集到397家2015—2022年中国在泰国成立的境外企业财务数据，截至2023年9月底，其中384家企业仍在运营中，其余13家企业或完成清算或被弃用或结束运营。这397家境外企业中有111家境外企业2018—2022年总营收数据非缺失，表中统计数据便是这111家境外企业的总营收年度合计值。这111家境外企业的成立年份为2015—2018年，截至2023年9月底都仍在运行中，占已查找到有企业代码的、2015—2022年成立的境外企业数量的25.75%，其中32家境外企业成立于2018年。表中后两行数据获取方法：为减轻极端值的影响，111家境外企业的2019—2022年总营收数据都做6%和97%分位的截尾处理。

（2）泰国中资企业净利率情况

在企查查官网可以搜到财务数据的397家境外企业中，有325家企业2021年的净利率数据非缺失，其中46.46%的企业净利率非负，321家企业2022年的净利率数据非缺失，其中46.73%的企业净利率非负。从各年度中国在泰国设立企业的净利率来看（如表3.8所示），无论是对于中国在泰国设立的111家境外企业，还是对于经过6%和97%分位截尾处理后的97家境外企业，2019—2022年净利率非负的企业数量整体呈现上升趋势，说明整体而言中国在泰国设立的境外企业在稳步地发展。但每年仅有不足半数的企业净利率非负。有调查资料显示，在受访的泰国中资企业（数量不超过70家）中，近六成的工业企业和近七成的服务业企业感受到竞争更加激烈，更多的工业企业认为价格或质量方面竞争更激烈，服务业企业认为质量或广告方面竞争更激烈。境外企业在泰国市场面临愈加激烈的竞争可能是许多企业净利率为负的重要原因之一。

表 3.8 中国在泰国设立企业的年度净利率情况

	企业数量	2018 年	2019 年	2020 年	2021 年	2022 年
净利率非负的企业数量	111	34	35	50	51	52
净利率非负的企业占比（%）	111	30.63	31.53	45.05	45.95	46.85
净利率非负的企业数量（双边截尾）	97	—	32	45	47	47
净利率非负的企业占比（%）（双边截尾）	97	—	32.99	46.39	48.45	48.45

资料来源：作者搜集整理。

注：企业获取方法同表 3.8。

三、泰国中资企业经营绩效案例分析[①]

2018—2022 年总营收连年增长的境外企业共计 26 家，其中有 5 家境外企业所从事的行业发生了转变，1 家境外企业最初从事的行业未知。受限于样本数量[②]，下面将基于境外企业最初所从事的行业，在每一个行业中选出一家境外企业，对企业近年来的经营情况进行分析。根据境外企业最初所从事的行业，26 家境外企业覆盖了 7 个行业，其中制造业有 15 家，批发、零售贸易与机动车辆、摩托车修理行业有 4 家，金融和保险业有 2 家，专业和科技活动行业、行政和支持服务活动行业、运输和储存行业与建筑业各有 1 家。对于包含不止一家境外企业的制造业等三个行业，从中选出一家境外企业进行分析，选择标准是净利率为负值不超过 2 年，如果该行业满足前述条件的境外企业超过 2 家，那么进一步从中选出净利率为正值的年份最多的境外企业。

（1）A 公司经营情况

2018—2022 年总营收连年增长的专业和科技活动行业境外企业仅有一家，即 A 公司。A 公司的境内投资者从事的是科学研究和技术服务业中的研究和试验发展行业，于 2014 年 5 月成立，位于广东省珠海市，属于港澳台自然人

---

① 资料来源：企查查。本部分关于中国在泰国设立的境外企业案例分析中使用的财务数据皆来源于企查查，不再赘述。

② 如果将所从事行业发生转变的 5 家境外企业和最初所从事行业未知的 1 家境外企业删去，将导致行业数量减少。

独资企业。境外企业的最初注册商业类型为自然科学研究与实验发展，最新注册商业类型为药品和医药化工产品的制造，注册资本为1.59亿泰铢，位于Nava Nakorn工业区内。从A公司营收情况来看（如图3.9所示），2018—2022年境外企业总营收逐年上升，2022年高达51.28百万泰铢，年均增长8.77个百分点；2019年之后境外企业净利率逐年减少，反映出企业的盈利能力有所减弱。原妙医学亚洲有限公司的财务数据显示，2019年之后境外企业的资产收益率和净资产收益率都在逐年降低，2021年开始落入负值区间，反映企业资产的利用效率下降，盈利能力减弱；2022年境外企业总资产为1.14亿泰铢，较上一年降低0.92%；2018—2022年境外企业总资产周转率波动较小，年均0.48次；2019—2022年境外企业的流动资产在总资产中占比始终在45%以上，表示企业流动资产和非流动资产在总资产中的占比关系较为平衡；2020年以来境外企业的存货周转速度在加快，存货周转效率在提升；2018—2022年境外企业每年的流动比率都高于2.70，2021年甚至高达8.20，说明这家境外企业短期偿债能力比较强；2018—2022年境外企业资产负债率始终低于0.20，负债权益比始终低于0.25，权益总资产率的均值为1.16，说明企业长期偿债能力较强，财务风险相对较低。总体来看，A公司的经营状况良好，总营收呈现稳步提升的态势，但企业盈利能力呈现出下降态势。

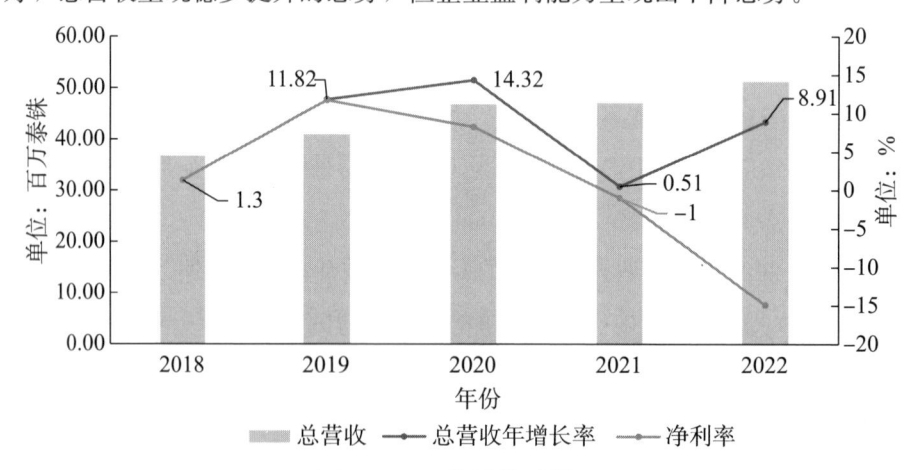

图 3.9 A 公司营收情况

资料来源：作者搜集整理。

（2）B公司经营情况

2018—2022年总营收连年增长、净利率始终为正的制造业行业境外企业仅有1家，便是2016年3月在泰国春武里府投资设立的B公司。境内投资者从事的是制造业中的塑料薄膜制造行业，于2003年5月成立，位于浙江省杭州市，属于大型规模企业。境外企业的最初注册商业类型为塑料成品制造，最新注册商业类型为半导体和集成电路制造，注册资本为16.68亿泰铢。从B公司营收情况来看（如图3.10所示），2018—2022年境外企业总营收逐年稳步上升，2022年高达46.06亿泰铢，年均增长36.47个百分点；2018—2022年境外企业净利率始终高于6%，但呈现出先降后升再降的不稳定发展态势。B公司的财务数据显示，2018—2022年境外企业的资产收益率和净资产收益率始终高于5%，同样经历了先降后升再回落的变化过程，反映企业盈利能力尚不稳定；2022年境外企业总资产为39.35亿泰铢，较上一年有所增加；2018—2022年境外企业总资产周转率逐年提高，年均1.00次；2018—2022年境外企业的流动资产在总资产中占比逐年增加，2022年较2018年增长了25.90个百分点，企业资产的流动性不断增强；2018—2022年境外企业的存货周转速度总体呈上升趋势；2019—2022年境外企业的流动比率都超过了12，说明这家境外企业短期偿债能力较强；2018—2022年境外企业资产负债率和负债权益比都低于0.20，总体呈下降趋势，权益总资产率的均值为1.06，说明企业长期偿债能力较强，财务风险偏低。总体来看，B公司的经营状况整体向好，总营收有稳步提升的势头，但企业盈利能力尚不稳定，企业有较强的短期偿债能力和长期偿债能力，面临的财务风险偏低。

（3）C公司经营情况

2018—2022年总营收连年增长、净利率为负值不超过2年的批发、零售贸易与机动车辆、摩托车修理行业境外企业仅有1家，便是于2015年4月在泰国曼谷投资设立的C公司。境内投资者从事的是批发和零售业中的其他未列明批发行业，于2010年8月成立，位于湖北省孝感市，属于小型规模企业。境外企业的最初注册商业类型为在收费或合同基础上批发食品、饮料和烟草，最新注册商业类型为化肥、农化产品批发，注册资本为400万泰铢。

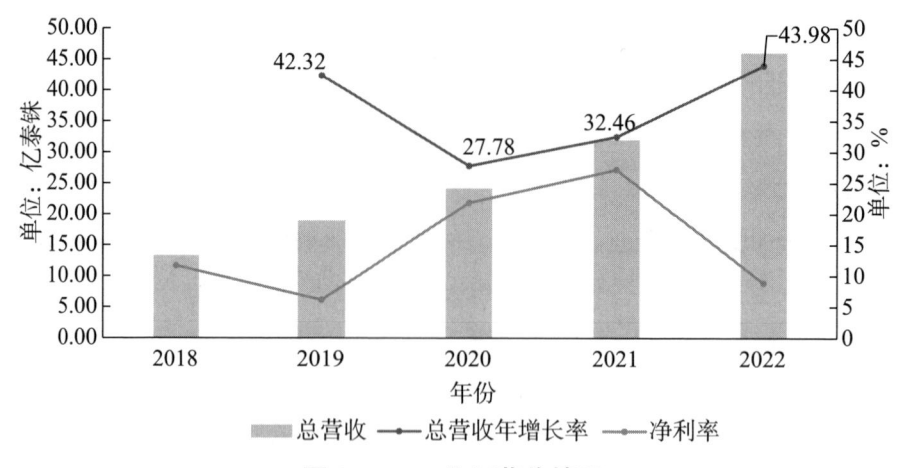

图 3.10　B 公司营收情况

资料来源：作者搜集整理。

从 C 公司营收情况来看（如图 3.11 所示），2018—2022 年境外企业总营收逐年上升，后期增速较快，2022 年高达 5.98 亿泰铢，年均增长 46.17 个百分点；2019 年境外企业净利率转为正值，2020 年开始净利率逐年增加，反映出企业的盈利能力逐年提升。C 公司的财务数据显示，2018—2022 年境外企业的净资产收益率始终为正，2020—2022 年资产收益率逐年上升，反映企业资产的利用效率不断提高，盈利能力不断增强；2022 年境外企业总资产为 2.38 亿泰铢，较上一年提高 59.95%；2018—2022 年境外企业总资产周转率逐年增加，总资产周转速度不断加快；2019—2022 年境外企业的流动资产在总资产中占比一直在 90% 以上，流动资产占总资产的比重偏大，表明企业资产的流动性较好；2018—2021 年境外企业的存货周转速度年均 4.87 次；2018—2022 年境外企业流动比率逐年增加，说明这家境外企业短期偿债能力逐渐增强；2018—2022 年境外企业资产负债率逐年减少，2022 年已经减至 0.58，负债权益比和权益总资产率在 2019 年转为正值，之后逐年下降，说明企业长期偿债能力不断增强，财务风险逐年减弱。总体来看，C 公司的经营状况良好，且整体向好，总营收提升势头明显，企业盈利能力、短期偿债能力和长期偿债能力不断增强，面临的财务风险逐渐降低。

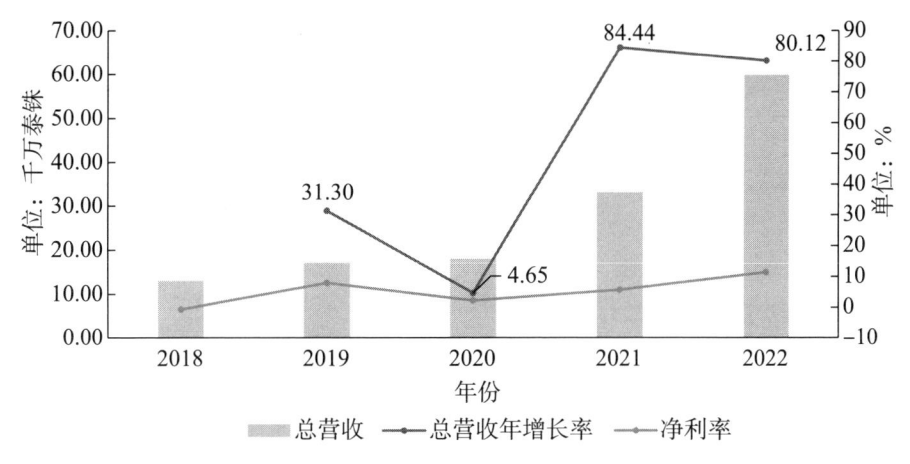

图 3.11 C 公司营收情况

资料来源：作者搜集整理。

（4）D 公司经营情况

2018—2022 年总营收连年增长的建筑业境外企业仅有一家，便是于 2018 年 8 月在泰国投资设立的首家境外企业——D 公司。境内投资者从事的是建筑业中的土木工程建筑行业，于 1993 年 2 月成立，位于山东省济南市。境外企业的最初注册商业类型为非住宅建筑的建设，最新注册商业类型为街道、道路、桥梁或隧道的建设，注册资本为 1 亿泰铢。D 公司不仅在基础设施建设领域不断进取和成长，还在投融资、国际贸易领域进行探索和发展，取得的成果颇丰，并且积极参与当地公益事业，融入当地社会。从 D 公司营收情况来看（如表 3.9 所示），境外企业自成立以来总营收逐年攀升，2022 年高达 4.39 亿泰铢，2019—2022 年年均增长 601.65 个百分点；净利率在境外企业成立之初的 2—3 年里始终为负，2021 年开始扭亏为盈，取值在 5% 以上。D 公司的财务数据显示，境外企业的资产收益率和净资产收益率都是从 2021 年开始才由之前的负值转为正值，2021 年净资产收益率超过 92%，2022 年净资产收益率为 59.44%，反映出企业的盈利能力向好，2021 年以来企业自有资金的投资收益水平较高；2022 年境外企业总资产为 12.82 亿泰铢，较上一年增长 8.45 亿泰铢；2019—2022 年境外企业总资产周转率总体呈上升趋势，2020—2022 年年均 0.54 次；境外企业自成立以来流动资产在总资产中占比始终超过85%，流动资产占总资产的比重偏大，代表企业资产的流动性较好，企业经营风险较低；2022年境外企业的存货周转率为3.29；2020—2022年境外企业每年的流动比率在2—7之间；境外企业自成立以来资产负债率、负债权益比、权益总资产率逐年增加，2020年以来资产负债率始终在0.9以上，说明企业债务负担较重，面临着颇高的财务风险。总体来看，D公司的经营状况整体向好，总营收提升势头明显，企业盈利能力呈现出向好态势，但需要防范财务风险。

表3.9 D公司营收情况

财务指标	2018	2019	2020	2021	2022
总营收（百万泰铢）	0.02	1.27	43.99	164.00	439.00
年增长率（%）	—	—	3361.36	272.81	167.68
净利率（%）	−1928.11	−2031.85	−53.86	10.74	5.36

资料来源：作者搜集整理。

（5）E公司经营情况

2018—2022年总营收连年增长的运输和储存行业境外企业仅有一家，便是于2015年7月在泰国曼谷投资设立的E公司，而这家境外企业也已经转向从事批发、零售贸易与机动车辆、摩托车修理行业。境内投资者从事的是制造业中的有机化学原料制造行业，于1998年8月成立，位于浙江省湖州市，属于高新技术企业。境外企业的最初注册商业类型为货运代理和报关代理活动，最新注册商业类型为化肥和农化产品批发，注册资本为300万泰铢。从E公司营收情况来看（如表3.10所示），2018—2022年境外企业总营收逐年上升，年均增长470.34个百分点，2018年和2019年总营收还处于低于30万泰铢的水平，2020年发生陡增，总营收突破1000万泰铢，2022年再次骤升，达到将近2亿泰铢的高位；2018—2022年境外企业净利率虽为负值，但幅度逐年减少，2022年已减至−1.54%，呈现出转为正值的发展趋势，反映企业的盈利能力较低但在逐年提升。E公司的财务数据显示，2018—2022年境外企业的资产收益率始终为负值，且变化较大，净资产收益率始终高于25%，但总体呈下降趋势；2022年境外企业总资产为4664.04万泰铢，较上一年大幅激增9484.11%;2018—2022年境外企业总资产周转率年均21.35次;2019—2022年境外企业的流动资产在总资产中占比始终高于80%,流动资产占总资产的比重偏大,代表企业资产的流动性较好;2018—2022年境外企业每年的流动比率都低于1,企业面临着偿债风险;2018—2022年境外企业资产负债率始终大于1,负债权益比、权益总资产率始终为负,这很可能是5年来持续亏损导致的,企业面临着较高的财务风险。总体来看,E公司的经营状况整体向好,近三年总营收保持着快速增长的态势,企业盈利能力逐年提升,但面临着较高的财务风险。

表 3.10 E公司营收情况

财务指标	2018	2019	2020	2021	2022
总营收(万泰铢)	18.24	23.72	1280.89	2900.18	19300.00
年增长率(%)	—	30.04	5300.04	126.42	565.48
净利率(%)	−1198.09	−690.21	−14.34	−7.04	−1.54

资料来源:作者搜集整理。

(6) F公司经营情况

2019—2022年总营收连年增长的行政和支持服务活动行业境外企业仅有一家,便是于2018年11月在泰国北榄府投资设立的F公司。境内投资者从事的是批发和零售业中的五金零售行业,于2015年11月成立,位于山西省太原市,属于小型规模企业。境外企业的最初注册商业类型为包装活动,最新注册商业类型仍为包装活动,注册资本为850万泰铢。从F公司营收情况来看(如图3.12所示),2019—2022年境外企业总营收逐年稳步提升,年均增长123.13个百分点,2022年已突破2亿泰铢;2020—2022年境外企业净利率波动较小,始终为正,反映出企业有较稳定的盈利能力。F公司的财务数据显示,2020—2022年境外企业的资产收益率和净资产收益率都始终为正,净资产收益率始终高于12%,2022年达到44.58%;2022年境外企业总资产为3184.58万泰铢,较上一年减幅为47.89%;2019—2022年境外企业总资产周转率逐年提高,年均3.16次;2020—2022年境外企业的流动资产在总资产中占比始终高于80%,说明企业资产的流动性较好;2019—2022年境外企业的存货周转速度在逐年加快,说明企业存货周转效率逐年提升;2020—

2022年境外企业的流动比率在1—1.5，逐年增大，说明这家境外企业短期偿债能力在逐渐增强；2019—2022年境外企业资产负债率、负债权益比、权益总资产率都经历了先升后降的变化过程，2022年分别降至0.62、1.62和2.62，说明企业长期偿债能力有所提升，面临的财务风险随之降低。总体来看，F公司的经营状况良好，总营收有着稳步提升的发展态势，企业盈利能力较稳定，短期偿债能力有逐渐增强的趋势。

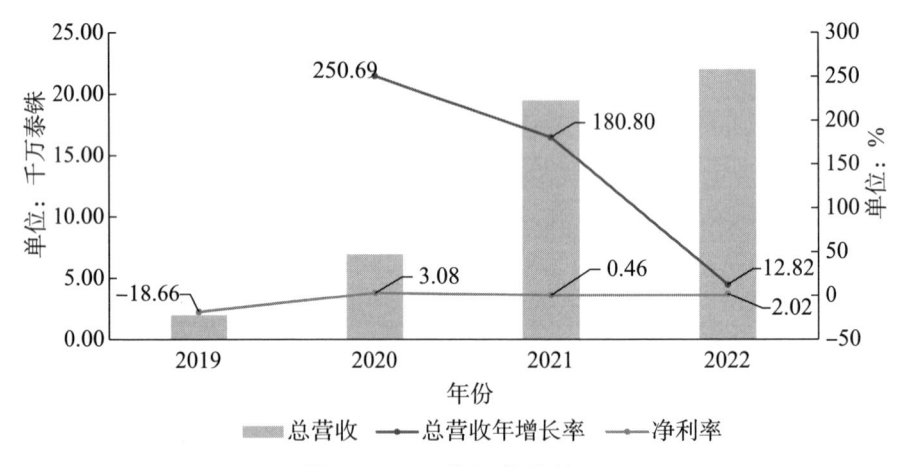

图3.12 F公司营收情况

资料来源：作者搜集整理。

注：由于F公司于2018年11月22日成立，接近年底，因此图中未统计境外企业2018年营收情况，正文中也未专门提及。

（7）G公司经营情况

2018—2022年总营收连年增长的金融和保险业境外企业有两家，其中一家便是于2017年9月在泰国春蓬府投资设立的G公司，该境外企业已经转向房地产业。境内投资者从事的是交通运输、仓储和邮政业中的货物运输代理行业，于2015年3月成立，位于广西壮族自治区崇左市，属于中型规模企业。境外企业的最初注册商业类型为行业间授信，最新注册商业类型为自营性非住宅建筑买卖，注册资本为1.2亿泰铢。从G公司营收情况来看（如表3.11所示），2018—2022年境外企业总营收逐年攀升，增速逐渐放缓，2022年高达1.27千万泰铢；从2020年开始境外企业净利率为正，且波动性较小，反映出企业的盈利能力较稳定。G公司的财务数据显示，2018—2022年境外企业的资产收益率和净资产收益率变化都很小，绝对值不超过1.5%，都是从2020年开始由负转正，反映企业资产的利用效率较低，盈利能力较稳定；2022年境外企业总资产为1.30亿泰铢，与上一年相比略有减少；2020—2022年境外企业总资产周转率年均0.07次；2019—2022年境外企业的流动资产在总资产中占比始终低于5%，流动资产占总资产的比重偏小，企业面临着较高的经营风险；2020—2022年境外企业的存货周转速度逐年加快，存货周转效率不断提升；2020—2022年境外企业每年的流动比率都低于1，说明这家企业面临着较高的短期偿债风险；2018—2022年境外企业资产负债率、负债权益比和权益总资产率的均值分别为0.20、0.31和1.31，2020年分别为0.06、0.06和1.09，说明企业长期偿债能力较强，财务风险较低。总体来看，G公司的经营状况整体向好，总营收有持续提升的发展态势，2020年以来企业盈利能力较稳定。

表3.11　G公司营收情况

财务指标	2018	2019	2020	2021	2022
总营收（泰铢）	5.75	7240.76	3967300.00	10329700.00	12651500.00
年增长率（%）	—	125826.26	54691.21	160.37	22.48
净利率（%）	−522508.70	−1203.27	10.67	9.50	9.50

资料来源：作者搜集整理。

第四节　中国企业对泰国投资趋势展望

中国与泰国拥有较高一致性的对外贸易政策，都面临产业结构优化升级的挑战，中泰共建"一带一路"同"泰国4.0"战略、泰国"东部经济走廊"建设等发展战略对接持续深化，未来中国企业对泰国的直接投资仍有较大增长潜力和空间。世界银行数据显示，2002—2021年泰国中高科技产业在制造业增加值中占比始终高于40%，表明泰国制造业能力较强、发展潜力较大。

泰国制造业增加值整体保持较好增长态势①，未来中长期内泰国制造业仍将吸引大量中国企业投资。在东南亚，泰国生产技术密集型产品有比较优势，未来中长期内技术密集型产业将继续吸引中国的大量投资，新能源汽车产业、新能源产业等战略性新兴产业将是中国企业投资泰国的重要领域之一，中国对泰国数字经济产业的投资潜力也将不断释放。

一、新能源汽车产业将是中国投资者在泰国投资的重要领域之一

近年来，中国汽车产业加速发展并取得显著的成绩，汽车自主品牌成长迅速。2023年1—9月泰国是中国汽车出口量排名前十的国家之一、新能源汽车出口量排名前三的国家之一。②作为东南亚最大的汽车生产国，泰国具备完整且成熟的汽车供应链，致力于打造成为全球主要电动汽车生产基地，新能源汽车产业发展前景广阔。中国汽车企业正逐渐走向泰国，选择在当地投资建厂。泰国BOI资料显示，2022年中国比亚迪股份有限公司的全资子公司比亚迪汽车泰国有限公司计划于泰国罗勇府投资建立新能源乘用车工厂的申请获得泰国BOI批准；2023年中国长安汽车已向泰国BOI提交投资促进申请，计划在泰国建立一家生产电动汽车和混合动力汽车的工厂。

泰国"东部经济走廊"特区已确立21个目标产业促进园区，各园区目标产业略有不同，目标产业包含未来一代汽车产业的园区数量最多，高达18个。③这为中国新能源汽车企业投资泰国提供了重要发展机遇。泰国BOI资料显示，泰国国家电动汽车政策委员会已批准为期四年（2024—2027年）的第二阶段电动汽车扶持政策（EV3.5），泰国将致力于成为区域电动汽车制造中心。中国《新能源汽车产业发展规划（2021—2035年）》指出中国新能源汽车进入加速发展新阶段，并提出，"力争经过15年的持续努力，我国新能源汽车核心技术达到国际先进水平"。④中泰两国新能源汽车产业政策相契合，预计未来中长期内新能源汽车产业将是中国投资者在泰国

---

① 资料来源：CEIC 数据库。
② 资料来源：中国汽车工业协会网站以及中国汽车工业协会所整理的海关总署数据。
③ 资料来源：https://www.eeco.or.th/cn/promotional-zone。
④ 资料来源：中国政府网。

投资的重要领域之一。

二、泰国新能源产业将持续吸引更多的中国企业投资

近年来中国新能源产业发展迅速，2022年中国可再生能源继续保持全球领先地位，全球新能源产业重心进一步向中国转移，截至2022年底，中国可再生能源装机达到12.13亿千瓦，在全国发电总装机中占47.3%。[1] 为减少对化石资源的依赖、保护环境和改善气候，泰国政府制定了一系列能源发展规划。根据泰国《替代能源发展计划（2015—2036）》（AEDP2015），到2036年泰国将实现可再生能源使用量在最终能源使用量中占比达到30%这一目标。[2] 泰国投资促进委员会为太阳能电池及相关原材料制造企业、使用可再生能源发电的企业提供了免征机器和原材料进口关税等投资优惠政策。泰国地理位置和资源优势为当地开发太阳能、生物质能、水能、风能提供了广阔空间，未来泰国新能源产业发展前景较好。预计未来中长期内泰国新能源产业将持续吸引更多的中国企业投资，中泰两国在新能源领域的投资合作将愈加紧密。

三、中国对泰国数字经济产业的投资潜力将不断释放

当前泰国数字经济产业正处于初步发展阶段，中国数字经济产业已颇具竞争力。2023年中国、泰国的全球数字竞争力在64个经济体中分别排在第19位和第35位。[3] 2017—2022年中国数字经济产业规模逐年扩大，2022年突破50万亿元，在当年GDP中占比41.5%，同比名义增速高于GDP增速；2022年中国数字产业化规模、产业数字化规模在数字经济产业规模中占比分别为18.3%和81.7%。数字经济已经成为推动中国经济实现高质量发展的重要引擎。近年来泰国政府高度重视数字经济发展，并制定一系列政策措施来推动国内数字经济发展，助推传统产业依托数字技术实现转型升级，通过建

---

[1] 资料来源：中国国家能源局。
[2] 资料来源：泰国能源部。
[3] 资料来源：瑞士洛桑国际管理发展学院网站。

设智慧城市、提高数字服务提供商竞争力、促进数字园区投资等举措实现数字经济发展。新冠疫情发生后，泰国 5G 等数字基础设施建设加快。2022 年泰国数字经济商品总价值为 310 亿美元，预计 2030 年有望实现 1000 亿至 1650 亿美元；2022 年泰国数字支付交易总额较上一年增长 16％，预计 2025 年有望达到 1760 亿美元。《数字经济推进总体规划第二阶段（2023—2027）》明确了泰国培养 50 万名有数字技能的劳动者、10 万家传统企业实现数字化、数字产业价值提高 12％、数字产业投资价值提升 10％、吸引 3 家领先数字企业到泰国投资等推动数字经济发展的战略目标。[①] 未来泰国数字经济产业发展潜力很大，预计未来中长期内中国对泰国数字经济产业的投资潜力将不断释放，数字经济产业领域投资合作将为中泰两国产业结构优化升级提供动力支持。

---

① 资料来源：泰国数字经济促进局网站。

第四章
中国企业对新加坡投资的现状与展望

第四章　中国企业对新加坡投资的现状与展望

近年来，中国在新加坡的投资稳步增长。新加坡优越的地理位置、良好的投资环境、先进的基础设施和完备的法律法规以及金融服务体系使其成为中国企业对外投资的首选目的地之一。

目前，中国对新加坡的投资形式主要以并购为主，其次是以合资控股的方式进行投资。投资行业多元化，多数集中在第三产业，特别是批发零售业和金融业。2019年10月，《中华人民共和国政府和新加坡共和国政府关于升级〈自由贸易协定〉的议定书》正式生效，进一步促进了中新两国经贸关系的快速发展，中国企业对新加坡投资规模不断扩大，产业结构不断升级，中国企业可以积极参与高质量共建"一带一路"，加强对新加坡数字经济、绿色经济等方面的投资，继续增进两国之间的投资合作。

第一节　中国企业对新加坡投资发展历史及现状

新加坡共和国（简称"新加坡"），是位于东南亚的岛国和城市国家，被誉为"亚洲四小龙"之一，人均国内生产总值、人类发展指数高居全球前列，是全球重要的炼油、贸易、物流中心，是亚洲最大的国际金融中心，也是东盟的成员国之一。

中国自改革开放以来便积极与新加坡寻求经济贸易合作，中新两国间的经贸关系也随两国关系的友好发展而日益紧密。新加坡作为全球金融中心与财富管理中心，吸引了大量外来资金的涌入，外资利用情况全球领先。据联合国贸发会发布的《2022年世界投资报告》[①]，2021年新加坡吸收外资流量990.9亿美元。其中，中国大陆已经成为新加坡的第十大外资来源地，约占新加坡主要外资来源的2.0%。

2013年起，中国连续9年成为新加坡最大贸易伙伴，是新加坡的重要贸易合作对象。在共建"一带一路"沿线的60多个国家中，中国流向新加坡的

---

① 数据来源：联合国贸易和发展委员会。

直接投资占比 28.9%，接近对外投资总量的 1/3。而在所有流向东盟国家的直接投资中，中国更是将接近半数的投资额投入新加坡。

近年来，新加坡对中国的投资吸引力不断增强（如图 4.1 所示），据中国商务部发布的《2021 年度中国对外直接投资统计公报》[①]，截至 2021 年底，中国在新加坡的直接投资存量为 672 亿美元，主要投向租赁和商务服务业、批发和零售业、制造业、金融业等。在中国对外投资目的地国和地区中排名第 5 位，也是中国在东盟最大的投资目的地国。2021 年，中国在新加坡直接投资流量为 84.1 亿美元，同比增长 41.9%。

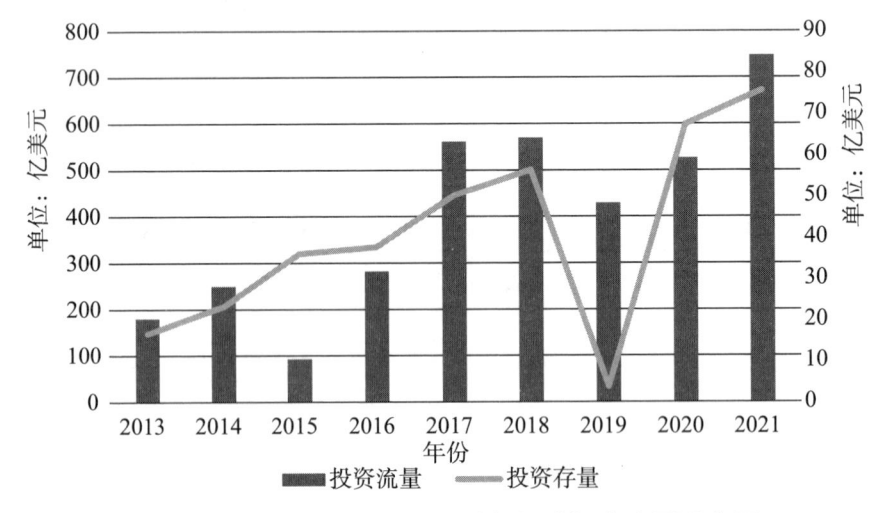

图 4.1　2013—2021 年中国对新加坡投资流量及存量

数据来源：历年中国对外直接投资统计公报。

一、中国对新加坡的投资历程

新加坡是中国对外投资的热门目的地之一，中新两国间的投资规模在近年来增长迅速。总体来看，中国对新加坡的直接投资大致经历了四个阶段：初步探索期（1990—2000 年）、稳定发展期（2001—2007 年）、快速增长期（2008—2017 年）、深化合作期（2018—2022 年）。

---

① 数据来源：中华人民共和国商务部。

自 1990 年中新正式建立外交关系以来，中新两国的经贸合作逐渐展开。1990—2000 年，中国与新加坡的经济合作开始起步。新加坡作为东南亚经济和商业中心，吸引了中国企业的目光。但由于当时中国整体经济发展水平有限、资本市场建设和发展滞后，且金融和外汇管制相对严格，中新两国间的投资市场规模较小。2001 年，中国正式加入世贸组织，并于 2002 年与东盟 10 国的领导人共同签署了《中国－东盟全面经济合作框架协议》。新加坡作为东南亚地区高度开放的经济体，与中国就贸易、投资、金融、基础设施建设等领域开展了广泛合作。2001—2007 年，中国与新加坡之间的贸易与投资合作日益紧密，进入了稳定发展期。2008—2017 年，随着中国经济的快速发展和金融体制的改革开放，中国的投资市场规模逐渐扩大，中国对新加坡的投资迎来快速发展期。新加坡作为首个同中国签署全面自贸协定的东盟成员国，与中国在 2008 年 10 月正式签署《中国－新加坡自由贸易区协定》，该协定的签订为中新两国的投资提供了更多的机会和优惠政策。2018—2022 年，中国对新加坡的投资步入深化合作期，并成为全球重要的配置资源平台。2019 年 10 月，《中新自贸协定升级议定书》正式生效，进一步促进了中新两国经贸关系的快速发展。尽管中国对新加坡的投资增速受新冠疫情冲击在 2021 年有所回落，但新增投资项目数量仍持续增加。随着新冠疫情后续影响减弱，国际投资环境将逐渐恢复，中国企业在未来有望再次创下对新加坡投资的新高（如图 4.2 所示）。

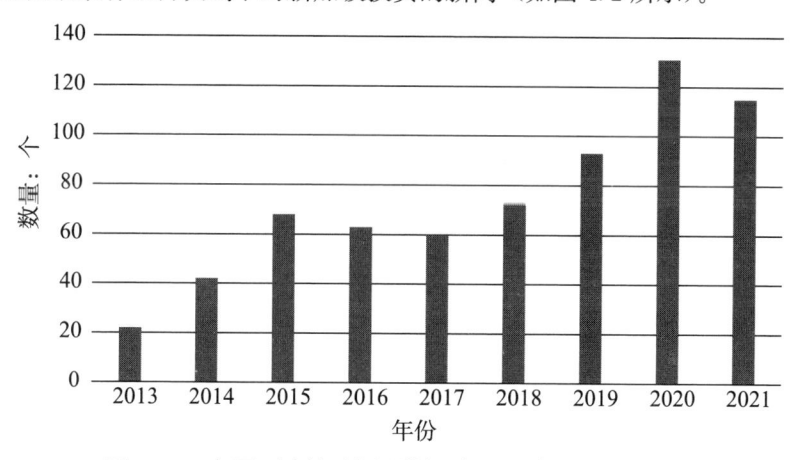

图 4.2　中国对新加坡新增投资项目数量年份统计

数据来源：作者搜集整理。

二、中国对新加坡的投资特征

新加坡是中国对外投资的热门目的地之一,近年来,中国在新加坡的投资稳步增长。新加坡是海上丝绸之路的支点,在高质量共建"一带一路"中发挥了重要作用。2023年上半年,中国企业在共建"一带一路"国家非金融类直接投资同比增长23.3%,主要投向的国家中新加坡列首位。对新加坡而言,中国企业已成为其商业格局中不可或缺的一部分。截至2023年,在新加坡贸工部注册登记的中资企业超过8500家,经营范围涵盖贸易、金融、航运、基础设施、物流、房地产等多个行业,比5年前增加一倍以上。新加坡统计局的数据显示,中国是2019年新加坡最大的外国投资者,占批准投资总额的32.6%。另据统计[①],在新加坡的中资企业中约99%注册为新加坡当地企业,其余注册为中国企业在新加坡的分公司。

从投资行业来看,中国对新加坡的投资多元,几乎涉及所有行业。其中,贸易类企业占47.6%,商业服务类企业占11.8%,金融保险类企业占10.4%,三者合计占69.8%。从累计投资金额来看,中国重要的资本载体越来越多地集中于新加坡的金融业和国际贸易行业。对行业类别再进行细化分类,中国对新加坡的直接投资主要流向以下几个关键领域。第一是高端制造领域。高端制造工业在现代化产业体系中起着重要的作用,凭借高端的制造能力和前沿的研发实力,新加坡在航空航天、半导体、生物医药等领域均占据领先地位,在精密工程制造领域独占鳌头。第二是能源领域。尽管新加坡国土面积有限,但却承担着亚洲范围内石油定价的功能,是除荷兰鹿特丹、美国休斯敦外的第三大炼油中心,同时也是石油贸易中心之一,因此吸引了众多中方石化企业的投资。第三是金融服务领域。新加坡作为一个国际金融中心,具有稳定的金融体系和良好的监管环境,吸引了许多中国金融机构的投资。第四是物流仓储领域。新加坡拥有全球最繁华的集装箱作业区,以及人员来往频繁、航班密集的机场港口等交通设施。作为亚洲甚至世界的物流网关键地,新加坡特殊的地理位置,使得其海陆空交通发展远超世界其他国

---

① 数据来源:新加坡会计与企业管制局(ACRA)。

家。第五是信息科技领域。新加坡拥有一流的研发基础设施和人才，中国企业往往通过投资新加坡的科技公司或与新加坡的创新企业合作等方式，共同开发新技术和产品。

从省份分布来看，中国企业对新加坡的投资行为具有明显的空间分布特征。具体而言，东南沿海地区对新加坡的直接投资远远领先于全国其他地区，其中排名前十的省市分别是上海市、浙江省、北京市、江苏省、广东省、山东省、福建省、海南省、四川省和天津市，其投资之和占中国大陆对新加坡投资总量的84.79%。

从投资方式来看，目前中国对新加坡的投资多以并购为主。此外，也常通过合资方式在新加坡进行投资。新加坡全球人才竞争力排名第二，拥有人才优势，特别是对于高科技企业而言，以投资方式积极参与新加坡的创业创新生态系统，在新加坡建立研发中心和创新实验室，有助于中国企业在技术和专业知识方面取得进步。得益于新加坡作为国际贸易和商业中心的战略位置，近年来，一些中国企业在新加坡设立了地区总部、子公司和代表处，以便开拓东南亚市场，并辐射至全球。

综上所述，这些年来，在新加坡的中国企业实现了显著的增长并走向多元化。他们促进了两国的经济发展，加强了双边关系，有望在未来几年继续发挥重要作用。

第二节　中国企业在新加坡的经营绩效分析

本书对316家在新加坡经营的中国企业的经营绩效做具体分析[1]。整体而言，中国企业对新加坡的直接投资具有以下特点。

---

[1] 本书首先通过对商务部"走出去"公共服务平台截至2022年中国企业境外投资机构名录，共搜集到对新加坡投资的中国企业1652家。其次，通过手动查找共获得923家境外投资企业（机构）的企业代码。最后，根据Oriana（BVD）数据库搜集到了316家企业的基本经营信息。

从投资规模来看（如图4.3所示），投资金额千万以上的大型企业共有172家，其中，批发业企业比重最大，占比33%，控股业企业20%，商业服务业企业9%，能源业8%，制造业6%。

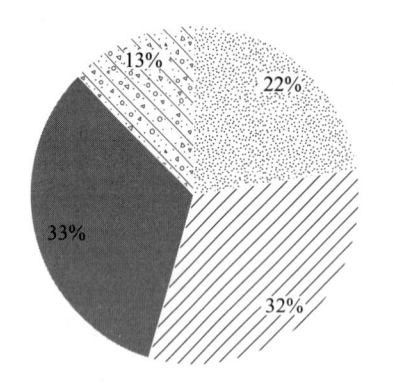

图4.3 中国对新加坡企业投资规模

数据来源：作者搜集整理。

从投资产业来看（如表4.1所示），中国对新加坡的直接投资主要集中在第二、三产业。第三产业是中国企业对新加坡投资的重点领域。具体而言，第二产业的企业数量共计69家，其中制造业企业比重最大，共计31家，建筑工程业企业21家，还有能源类企业17家；第三产业投资数量共计245家，其中批发零售业111家，金融业企业58家，商业服务业48家，信息技术及通信业与文娱产业及其他服务企业数量均为10家，运输业8家。

表4.1 中国对新加坡投资产业分布

产业类别	行业类别	数量（家）	共计（家）
第一产业	农业	2	2
第二产业	制造业	31	69
	建筑工程业	21	
	能源业	17	

续表

产业类别	行业类别	数量（家）	共计（家）
第三产业	批发零售业	111	245
	金融业	58	
	商业服务业	48	
	信息技术及通信业	10	
	文娱及其他服务业	10	
	运输业	8	

数据来源：作者搜集整理。

一、中国企业对新加坡投资的经营绩效分析

本书选取企业资产总值、固定资产、营业收入、营业利润率、资产报酬率、净资产收益率和流动比率以全面分析在新中资企业的经营绩效。

资产总值是企业拥有的全部资产的价值，可以反映企业的资产规模和财务实力；固定资产是指长期服务于企业的资产，其规模和质量代表企业的生产能力和效率，这两项资产绝对值可以直观反映出在新中资企业的资产规模、资产利用效率和经营风险等重要信息。营业收入及营业利润率分别表示企业在主营业务及扣除各项成本和费用之后所获得的利润占销售收入的比例，这两项指标可评估中国企业在当地的业务规模和盈利能力。资产报酬率和净资产利润率则是衡量企业资产利用效果及股东投资回报率的重要指标，可以反映企业的资产利用效率和投资回报率。流动比率作为当前资产与当前负债的比率，反映了企业的短期偿债能力。

通过对上述 7 项指标的分析，可以全面评估企业资本投入与利用效率、盈利能力和经营状况。这些数据对于正在运营的在新中资企业来说，具有重要的参考价值，有助于他们制定出更为合理、有效的经营策略和决策。中国企业在新加坡的经营绩效在 2018—2022 年呈现出积极的增长趋势（如表 4.2 所示）。

表 4.2　2018—2022 年在新中资企业经营绩效

绩效分类	指标类别	2018	2019	2020	2021	2022
经营规模	资产总值（万美元）	14847	14809	13798	16047	45568
	固定资产（万美元）	7548	6357	4476	5496	22343
经营业绩	营业收入（万美元）	35824	37363	26977	45042	48995
	营业利润率（%）	1.65	0.89	5.12	1.99	6.46
经营效益	资产报酬率（%）	−2.40	−1.16	−0.16	−1.54	0.82
	净资产收益率（%）	−3.84	6.70	16.10	19.37	14.18
流动性	流动比率	6.16	5.38	4.28	4.53	3.87

数据来源：作者搜集整理。

在经营规模方面，在新中资企业的资产平均总值从 2018 年的 14847 万美元增至 2022 年的 45568 万美元，表明企业的规模和价值在这 5 年内实现了显著的增长，呈现出整体扩张的趋势；固定资产，其均值在 2018—2021 年有所减少，但在 2022 年急剧上升至 22343 万美元。固定资产的增长源自中国企业对新加坡的重大投资，这也意味中国企业对于在新加坡的长期发展有着积极的战略规划。在经营业绩方面，在新中资企业的平均营业收入虽然在 2019 年至 2020 年有小范围的波动，但随后便在 2022 年增长到 48995 万美元，标志着中资企业的经营业绩与在新加坡的市场地位也在不断提升；2022 年企业的营业利润率为 6.46%，相比前几年有很大提升，说明企业的成本控制和盈利能力有所改善。这表明企业在管理方面取得了一定的成功。在经营效益方面，企业的平均资产报酬率在这期间由最初的负值反弹至 0.82，表明企业利用资产的能力有所改善；净资产收益率则在 2021 年达到峰值 19.37%，尽管 2022 年有所减少，但 14.18% 仍然是一个可观的数字，企业在投资回报方面表现良好。在流动性表现方面，流动比率虽然从 2018 年的 6.16 逐年下降到 2022 年的 3.87，但始终在安全范围内，企业在短期偿债方面仍然具备一定的能力。

过去 5 年中，中国企业在新加坡的经营表现经历了小幅波动，特别是在 2020 年前后，这一变化受到新冠疫情、地缘政治冲突以及供应链中断等多重因素的影响。宏观经济不确定性的增加，对在新加坡经营的中国企业带来了一定的负面冲击。总体来看，中国企业在新加坡的经营绩效呈现出积极的增长趋势，特别是在2022年有显著的提升。对比2018年与2022年的多项指标，中国企业在市场规模、资产运用效率和盈利能力等方面都有很大的提升。中国企业在新加坡的持续发展和良好的经营状况表明，中国企业在新加坡的直接投资规模有进一步扩大的潜力。

二、中国企业对新加坡第二产业投资的经营绩效分析

中国企业在新加坡第二产业的经营状况整体如下（如表4.3所示）：资产总值为14112万美元，固定资产为5549万美元。营业收入为54837万美元，营业利润率为1.91%，资产报酬率为0.50%，净资产收益率为20.10%，流动比率为2.46。

表4.3　在新中资企业（第二产业）经营绩效

行业类别	资产总值（万美元）	固定资产（万美元）	营业收入（万美元）	营业利润率（%）	资产报酬率（%）	净资产收益率（%）	流动比率
能源业	313000	29138	199192	8.34	7.47	22.52	2.21
建筑工程业	22910	12655	7330	1.57	−1.50	3.30	1.06
制造业	4855	2568	4249	−1.47	−5.15	−3.88	4.72
总计	14112	5549	54837	1.91	0.50	20.10	2.46

其中，能源类企业经营表现最优。能源具有较高的垄断性和稀缺性，因此能源业具有较大的资产规模，资产总值高达313000万美元，固定资产为29138万美元，营业收入为199192万美元，营业利润率为8.34%，盈利能力良好。同时，能源企业在经营效益方面表现突出，资产报酬率为7.47%，净资产收益率高达22.52%。

建筑企业流动性表现最差，流动比率1.06，资产报酬率为−1.50%。相比之下，制造业企业数量虽然最多，但经营绩效普遍较低，营业利润率、资产报酬率与净资产收益率均为负数，分别为−1.47%、−5.15%和−3.88%，这表明制造业整体的盈利能力和经营效益较差。造成这种现象的原因可能是

市场竞争激烈、高成本压力、周期性特征和管理问题等多个因素的共同作用。当中国企业对新加坡制造业进行投资时，往往会面临市场适应性不足、管理和技术能力不足、成本和效率问题以及品牌认知和信誉等因素的综合压力。为了改善经营状况，中国企业需要加强市场调研、提升管理和技术能力、积极进行技术创新、控制成本和提高效率，并注重品牌建设和信誉提升，寻找新的经济增长点，以适应新加坡市场的需求和竞争环境。

整体而言，中国企业对新加坡第二产业的投资结构尚有优化的余地。尽管能源相关企业的盈利水平较高，但能源业企业往往仅提供能源产品，其产品附加值相对较低。此外，能源行业具有较高的技术门槛和资本需求，投资该行业需要企业具备强大的技术实力和资金实力，随着社会对可再生能源和环境保护的重视不断增强，未来能源行业的发展会面临更多的挑战和变化。与之相比，制造业企业在产品的研发、生产、销售和服务等环节，均能够掌握一定的价值链控制权。中国企业可以凭借对制造业的直接投资实现全球价值链的地位攀升，从而推动技术创新，这对于提高国家的国际竞争力及经济繁荣具有至关重要的意义。

三、中国企业对新加坡第三产业投资的经营绩效分析

通常情况下，在对外投资结构中，对第三产业的直接投资相对于第二产业更重要，在高附加值和创新性、可持续发展、人力资源和技术创新以及市场需求等多重因素的影响下，对外投资第三产业具有更大的发展潜力和更多的机会。

中国企业在新加坡第三产业的经营状况整体如下（如表4.4所示）：资产总值为63768万美元，固定资产为4992万美元，营业收入为37955万美元，营业利润率为5.17%，资产报酬率为－1.34%，净资产收益率为12.03%，流动比率为4.47。

第四章 中国企业对新加坡投资的现状与展望

表 4.4 在新中资企业（第三产业）经营绩效

行业类别	资产总值（万美元）	固定资产（万美元）	营业收入（万美元）	营业利润率（%）	资产报酬率（%）	净资产收益率（%）	流动比率
批发零售业	13400	2616	60681	1.63	1.49	12.77	3.46
金融业	213655	14718	27708	16.98	−3.58	11.41	5.58
商业服务业	6222	1126	1146	2.29	−1.70	8.61	5.02
信息技术及通信业	2440	574	89504	16.47	−5.26	5.88	2.98
文娱及其他服务业	2030	48	625	−12.09	−18.64	1.47	2.01
运输业	175037	2339	16	6.78	2.19	12.34	12.17
总计	63768	4992	37955	5.17	−1.34	12.03	4.47

在经营规模方面，由于资本密集度不同，第二产业通常需要较高的生产资本投入，而第三产业则更加依赖于人力资源和技术创新，对资本投入的需求较低。因此，中国企业对新加坡第三产业的固定资产投资规模要小于第二产业。但相比之下，第三产业的资产周转率更高，行业结构更加多元，所以总资产值较第二产业相比规模更大。在经营业绩方面，第三产业营业利润率达5.17%，远高于第二产业均值1.91%，但是营业收入却只有37955万美元，并不理想，这是因为第三产业往往受市场需求波动的影响较大，因此营业收入也容易受到市场变化的影响而波动。在经营效益方面，第三产业的资产报酬率与净资产收益率都不及第二产业，这也表明对新加坡第三产业投资的中国企业普遍具有高成本经营结构，较高的资产投入会在一定程度上降低企业的资产报酬率。同时，较低的资产利用效率、较高的负债率也会导致企业面临这种困境。在流动性方面，第三产业企业的资产流动能力要优于第二产业。

按行业分析，第三产业经营能力综合表现最好的是从事运输行业的企业，其营业利润率为6.78%，资产报酬率为2.19%，净资产收益率12.34%，流动比率12.17，皆在产业平均值以上；其次是批发零售类企业，其营业收入为60681万美元，资产报酬率1.49%，净资产收益率12.77%；商业服务行业的营业收入为1146万美元，营业利润率为2.29%，资产报酬率为−1.70%，净资产收益率8.61%，流动比率5.02。从事文娱及其他服务业的企业绩效表现最差，营业利润率为－12.09%，资产报酬率为－18.64%，净资产收益率1.47%，流动比率2.01，均不及产业平均值。

信息技术及通信业和金融行业的经营绩效则呈明显的分化趋势。在经营业绩方面，两行业企业的营业收入和营业利润率远超产业平均水平。但在经济效益方面却表现欠佳，行业内经营业绩与效益表现差距较大。造成这种状况的原因有以下几点。第一是资产配置问题。资产利用率的降低，自然会影响企业的经营效益。若企业在扩张或投资时没有充分考虑到资产的效益和回报，存在过多的无效资产或闲置资产，或将其资产配置在低效或低回报的领域，资产配置不合理导致了资源浪费。第二是资金结构不佳。企业负债过高，利息支出增加，从而导致净利润较低。此外，企业可能存在较多的非经营性资产或非核心业务，也会对企业的经营效益产生负面影响。如果企业的资金成本较高，例如贷款利率高或融资成本高，也会进一步导致经营效益的下降。第三是行业的经营风险和不确定性较大。即使企业的营业收入和营业利润率高，但行业内部的激烈竞争和市场需求的不断变化，使得企业面临着较高的经营风险和市场不确定性，这些因素会导致企业经营效益的不稳定。第四是成本控制问题。企业在管理费用、销售费用等方面的成本较高，也同样会影响资产报酬率，尤其对于金融行业而言这一点尤为重要。

中国对新加坡的投资产业结构尚有进一步优化的空间。在新加坡投资经营的中资企业中，从事批发零售业和运输业的企业占比较多，且企业的经营稳定性要略优于从事金融业、商业服务业和信息技术及通信业的企业。其原因与中国企业的自身优势以及新加坡的市场需求有关。一方面，中国企业在此类传统行业中具有较为丰富的经验沉淀，并且可以通过自身的比较优势优化供应链、降低经营成本。另一方面，新加坡作为世界贸易和物流中心，在批发零售和运输行业有着相对稳定的市场需求。相比之下，对于新兴行业，特别是信息技术及通信业而言，由于行业发展较为快速和不稳定，企业的经营模式更为复杂，其市场需求更容易受到经济周期、技术变革和市场竞争等因素的影响，经营风险相对较高。

不能忽视的是，相较于传统贸易行业，新兴行业具有较高的增长潜力和利润空间，其发展和竞争力直接关系到国家的安全和国际竞争力，是推动经济发展的主要力量。高度发达的金融业和商业服务业可以提供更为便利的金融服务和资金支持，对其他行业的发展和创新有着显著的促进作用。而信息技术及通信业作为高度创新性和技术驱动的行业，在国家和全球经济中起着重要的战略作用。因此，中国应进一步加强对新加坡第三产业，特别是对新兴产业的对外投资，以优化资源的全球配置，提高对外贸易的多样性和可持续性。通过对高附加值产业的投资，中国企业可以获取和引进先进技术和知识，提升中国产业的技术水平和创新能力。同时，面对新兴行业激烈的市场竞争和经营风险的不确定，中国企业需要不断优化成本结构、提高资产周转率、合理管理资本结构和寻求差异化竞争来适应技术和市场变化，应对其面临的不确定性和挑战。

第三节 中国企业对新加坡投资的优势与机遇

一、中国企业对新加坡投资的优势

新加坡能够成为中国企业对外直接投资的首选目标，主要具有以下几个优势。

（1）优越的地理位置

作为一个岛国，新加坡位于新加坡海峡和马六甲海峡的交汇处，与马来西亚和印尼相邻，具有得天独厚的自然地理优势。作为连接亚洲、非洲和欧洲海上航线的重要交通枢纽，新加坡是国际级航运中心和全球物流链的核心之一，便于与全球各个国家进行贸易和投资。

（2）良好的投资环境

新加坡拥有稳定的政治体制和法治环境，在过去的50年里，新加坡政府积极推动经济发展并提供良好的投资保障，致力于打造优越的商业环境，凭借其知识密集型产业、区域连通性和开放的投资政策等特点，为投资者提供了全方位的支持。根据世界银行发布的《全球经商环境报告》，新加坡连续8年蝉联全球经商环境第一名。不仅如此，新加坡税收制度优惠而且明晰，企业所得税税率为17%，不对资本利得征税，提供多项税收鼓励和减免措施。

(3) 先进的基础设施

作为亚太地区第二大港口和世界上最大的集装箱港口之一，新加坡拥有先进的基础设施，具有全球领先的数字化和智能化技术，包括现代化的交通网络、高效的物流系统和良好的通信网络，为企业提供了便利和保障。

(4) 完备的法律法规和金融服务体系

作为世界主要金融中心之一，新加坡拥有完善的金融平台、法律体系和国际化的专业服务团队，并建立了世界领先的风险控制体系。同时，新加坡对投资者的知识产权保护非常重视，设立专门的知识产权保护机构，为投资者提供了良好的创新环境和法律保障。

二、中国企业对新加坡投资的机遇

(1) 有利于中国持续推进高水平对外开放

新加坡作为东南亚地区唯一的发达国家，在国际投资市场中占据重要地位，是中国企业开拓东南亚区域和国际市场的理想跳板。全球超过4200家跨国企业将其亚太总部设在新加坡。除此以外，新加坡为企业提供了研发、测试新产品和解决方案的理想环境，并被众多企业视为推动区域和国际业务增长的平台，有近59%的科技型企业在新加坡设立分支机构。

目前，中新两国之间签署了一系列经贸协定（如表4.5所示）。中国正在积极扩大自由贸易协定网络，借助新加坡的自身优势，中国企业可以将产品和品牌推广到全球市场。

表 4.5　中新两国签署的主要经贸协定

时间	协定名称
1985 年 11 月	《关于促进和保护投资协定》
1986 年 4 月	《避免双重征税和防止漏税协定》
1992 年	《科技合作协定》
1999 年 10 月	《经济合作和促进贸易与投资的谅解备忘录》《海运协定》《邮电和电信合作协议》和《成立中新双方投资促进委员会协议》等多项经济合作协议
2007 年	《出入境卫生检疫合作谅解备忘录》
2008 年 10 月	《中国—新加坡自由贸易区协定》和《中华人民共和国政府和新加坡共和国政府关于双边劳务合作的谅解备忘录》
2013 年 10 月	《关于农产品质量安全和粮食安全合作的谅解备忘录》
2015 年 5 月	双方签订备忘录，促进两国在商标注册上的合作
2017 年 5 月	《中华人民共和国政府与新加坡共和国政府关于共同推进"一带一路"建设的谅解备忘录》
2018 年	双方签署自贸区升级协定
2019 年 4 月	双方就成立上海市—新加坡全面合作理事会、加强第三方合作实施框架、实施原产地电子数据交换系统、海关执法合作、成立联合投资平台等事宜签署 5 份合作谅解备忘录
2019 年 5 月	第三次续签《双边本币互换协议》
2019 年 8 月	《新加坡调解公约》
2019 年 10 月	《中新自贸协定升级议定书》
2023 年 4 月	《关于宣布实质性完成中国—新加坡自由贸易协定升级后续谈判的谅解备忘录》

(2) 有利于人民币国际化进程的推进

如今人民币已经成为全球第四大支付货币、第五大储备货币，也是新兴市场国家中全球交易最活跃的货币。随着中国与世界各国合作逐步加深，人民币在贸易、投资等跨境交易中的影响力会大幅增强，随着 RCEP 的签署生效及共建"一带一路"倡议的持续稳定推进，人民币有望成为东亚地区乃至整个亚洲地区的主导货币。

新加坡作为中国主要的周边合作国家，人民币在该国的流通具备先天优势。在中国推动人民币国际化的进程中，作为东盟地区金融中心，新加坡可以扮演更为积极的角色。随着中国对新加坡投资的更深层次发展，双方开展货币合作特别是在发展人民币作为贸易结算和投资货币方面的可行性将进一步得到提升。

第四节 中国企业对新加坡投资面临的风险与挑战

一、中国企业对新加坡投资面临的风险

整体而言，在中国与新加坡的投资关系中，最主要的问题是中新两国投资地位不对称。对中国而言，中国对新加坡的经济依赖程度大于新加坡对中国的依赖程度。虽然中国对外开放的步伐日益加快，中国与世界经贸往来关系日益紧密，但新加坡由于其特殊的地理环境，对外开放程度更高，因此新加坡对中国的贸易投资依赖程度相对较小。通过中新双方的投资规模比较可以看出，两国投资合作处于不对等的地位，尤其是在利用外资的能力上差距很大。从两国利用外资规模比较来看，新加坡利用外资的总额远超中国，并且该差距仍有逐步扩大的趋势。从两国双边投资的战略地位上看，新加坡对于我国吸引外资的重要性也同样大于中国对新加坡吸引外资的重要性。报告期内，中国对新加坡的直接投资占新加坡利用外资总额的比重一直较低，在2015年的高峰值达到5.46%。从2015年开始中国对新加坡的投资地位一度下滑，直至2018年才有所回升。

从企业层面来看，中国对新加坡的投资同样面临一些风险。

(1) 政治风险

与多数西方发达经济体不同，新加坡主张国家资本主义和政府对经济发展的普遍干预。新加坡由人民行动党长期执政，尽管相对于大多数共建"一

带一路"国家,新加坡国内政治局势稳定,在地区和全球事务方面取得了显著的成就,但其经济外交仍受到许多限制。具体而言,新加坡由于国家的规模与体量较小,政治经济影响力有限,政策受外部影响较大,需要迅速和务实地适应国际市场。

随着中国综合国力的增强和国际地位的不断提升,全球经济结构也随之重塑,这将导致新加坡的中国政策开始分化,即在经济上保持密切交往,但在政治上却保持一定距离,这种对冲政策带来的不稳定性会影响中国企业在新加坡的投资。

(2) 成本风险

造成中资企业在新加坡经营成本增加的首要原因是用人成本的上升。据新加坡人力部发布的《新加坡劳动力报告》,新加坡极有可能陷入老龄化和人口增长放缓的困境。不仅如此,青年群体较往年相比,也有推迟进入就业市场的趋势,导致新加坡国内劳动力供应不足,处于就业岗位上的员工实际工资则增长3.7%左右(考虑通货膨胀),劳动力成本显著增加。由于成熟劳动力供不应求,因此新加坡对外籍劳务需求量较大,约30%的岗位都需要外籍人士补充,但受政府对外国人力就业的税收和监管限制,新加坡外籍劳务人数增长呈放缓态势,中国企业在新加坡面临人才紧缺和工资成本上涨的风险。

其次是价格成本的上升。从2016年起,新加坡已经持续多年成为全球物价最昂贵的国家之一。相对于泰国和越南等其他东盟国家,新加坡过高的生活成本以及昂贵的物价水平会增加外来企业的生产和运行费用,这些额外的商业成本将加重其生产负担。

最后是能源成本的上涨。新加坡的地质构造和地理环境导致其自然资源相对稀缺,在生产经营过程中,主要工业原料都依赖于进口,其资源价格受国际市场上相关价格波动的影响较大。国际大宗能源价格受俄乌冲突和日趋激烈的地缘政治冲突而大幅上涨,加重了中资企业的经营成本。

(3) 制度风险

由于中新两国的国情、历史背景大不相同,在法律、金融等投资制度方面有着较大区别,这也会给中资企业在新加坡的投资带来一定风险。中新两国在法律方面存在很多差异。关于土地政策，新加坡在《土地征用法》中强调，政府部门可以强制使用所有公共用途所需的土地区域，这使得新加坡的土地使用具有很大的随意性以及不确定性。因此当中国投资者在新加坡参与土地交易时，会面临来自土地政策层面的额外风险。此外，新加坡关于环境保护的准入评判依据非常严苛，并设定了超高的环境保护标准。中国在对新加坡进行对外直接投资时，一旦违反相关条例，轻则造成不必要的损失，重则会导致投资的失败。

金融风险也是进行投资行为时要考虑的普遍风险。伴随着新加坡利率市场化程度不断深化，新加坡的利率波动也因此加剧，中资企业存在一定的利率风险；同时出于资金自由流动以及吸引外资的考虑，近年来新加坡仍旧持续推进市场化利率，因此中国在新加坡投资时需注意由于利率波动而导致的资产贬值。此外，在汇率方面，虽然新加坡不存在严格苛刻的外汇管制，但出于保护本国货币以及发展第三产业的考虑，新加坡政府实行新元非国际化政策，即对不具有新加坡国籍的居民手中保有新元的额度采取限制措施，同时对以个人名义进出新加坡时所持的货币量进行控制，这在一定程度上引发了资金转移和外汇兑换等额外风险。

（4）市场竞争风险

新加坡作为一个城市国家，人口相对较少，市场规模有限。然而，新加坡的市场经济结构却呈多元化趋势。尤其是金融、航运、制造业、旅游等饱和行业，这些行业在新加坡市场相对成熟，这意味着中资企业必须要在有限的市场领域中具备独特性与差异性，以便形成自身的竞争优势，从而占据更多市场份额。此外，新加坡高度开放的商业环境，吸引了众多国际企业的进驻，并带来全球的高素质人才资源，进一步加剧了新加坡的市场竞争。这大大增加了中国企业在新加坡市场的竞争难度，中国企业需要同时具有高端技术、创新能力和优质服务等优势，才能在市场中脱颖而出。

二、中国企业对新加坡投资面临的挑战

受全球经济衰退的影响，各国民族主义、保护主义趋势越发凸显，地缘

第四章　中国企业对新加坡投资的现状与展望

冲突风云动荡，不确定性陡然增大，为中国企业境外投资带来前所未有的困难和挑战。

（1）他国干预导致新加坡的消极认知

随着中国的发展及对周边国家影响力的日益提升，美国逐渐将其全球战略重心移至亚太，东南亚成为美国战略部署的核心地区之一，新加坡在东南亚地区的战略价值和作用不言而喻。

近年来，新加坡发展滞缓。经济上，作为重要的贸易和金融中心，新加坡高度依赖国际贸易和跨国投资，大国博弈引发全球经济不稳定性增加，多重因素叠加使新加坡的经济陷入了新的低谷。与中美等大国不同，作为一个城市国家，新加坡难以凭借自身力量在国际政治经济体系中占据主导地位。想要实现其国民经济的持续增长，新加坡十分依赖稳定的外部环境，以保证其经济安全利益。因此，新加坡的对外经济政策一直致力于促进主要经济体之间稳定的"利益平衡"，试图确保没有一个主要大国可以对其周边区域的经济条件拥有决定性的话语权。

受来自西方国家主导的国际舆论长期抹黑，新加坡国家内部存在对中国的消极认知。虽然中国与新加坡经济的相互依赖性不断加深，但随着中国经济的飞速发展，双方贸易投资不平衡问题日益凸显，难免会引起新加坡国家内部一些保守派的不满，给双方的经贸合作制造障碍。

（2）全球投资规则和治理体系面临革新

2008年的国际金融危机标志着超级全球化时代终结，也是全球贸易投资的拐点事件。美国在全球化体系中难以继续巩固其核心技术和研发地位，继而要求跨国公司收缩全球生产活动，并且加大对跨境投资或资本流动的限制。

全球投资规则的总体原则仍然是反对投资保护主义，持续降低市场准入，推动产业开放。而在全球化受阻情况下，东道国与投资者利益平衡模式成为投资争端解决机制的改革方向，现阶段，投资争端解决机制逐步从"投资者友好型"机制向东道国与投资者利益平衡模式过渡，即不再无限放大投资者权利，更加倡导政府和投资者关系的多方面平衡。这种变革会给中国企业在新加坡的投资带来一些新挑战：风险厌恶型的中国投资者会更加关注本国市场，减少对海外市场的投资，导致中国企业对新加坡的投资减少。不过，风险偏好型投资者仍会积极寻找新的投资机会和市场，新加坡稳定的政治环境、开放的经济体系和优越的地理位置对中国企业具有很强的吸引力，并很可能将投资重心转向新加坡，以减少对美国市场的依赖。

此外，各国数字转型意识和绿色发展意识日益提高，公共健康、数字经济和节能减排成为影响跨国投资的重要因素。金融与投资资源不断向绿色、低碳领域倾斜，引领国际投资规则改革，可持续发展和包容性增长成为新一代国际投资规则的核心理念，致使全球投资规则和治理体系面临新的变革，这也给中国对新加坡的投资行为带来一定的挑战。

第五节　中国企业对新加坡投资趋势展望

中国对新加坡直接投资对促进两国经贸往来具有积极意义。新加坡具有营商环境良好、风险水平低、创新指数高的投资优势，是中国对外投资的最优目的地之一。同时，机遇也伴随着挑战。外部政治力量的掣肘和地区贸易冲突的出现，对两国经贸关系的友好交流构成了威胁。中国与新加坡进而认识到传统粗放式的合作模式已难以为继，想要实现更有韧性的经济可持续发展目标，两国间的投资合作需要新的选择。

一、高质量共建"一带一路"

共建"一带一路"倡议是中国经济与外交全方位能力的试金石。自共建"一带一路"倡议提出以来，对"一带一路"共建国家的投资为更多的中国企业注入了活力。与其他国家与地区相比，东盟与中国地理距离接近，文化背景相似，更具地理、文化等方面的优势，所以东盟始终是共建"一带一路"倡议优先推进的地区。在2021年，中国与东盟正式建立了"全面战略伙伴关系"。而新加坡作为东盟国家中唯一的发达国家成员国，在中国与东盟的合作中发挥着独特的作用,也成为中国投资共建"一带一路"国家的新桥梁。基于倡议的深入推进,中国与新加坡在原有关系的基础上升级为高级别伙伴关系,致力于共同打造利益、命运和责任共同体。共建"一带一路"倡议的提出为中国和新加坡的双边经贸往来提供了优良的合作契机,中国与新加坡之间的经贸关系日益紧密。

结合中国对新加坡直接投资来考量,进一步推进中国对新加坡的直接投资,不仅对于两国的双边贸易有着良好的促进作用,更能够进一步推进区域经济发展,保持区域和平稳定。随着共建"一带一路"倡议的深入推进,中国可以借助新加坡的特殊优势,积极开展对共建"一带一路"国家的投资,从而深入拓宽中国的海外投资市场。未来,中新两国仍会在共建"一带一路"倡议下,秉持互利共赢的原则和可持续发展理念,不断拓展全方位领域合作,积极开展相关战略政策对接,共同开展与共建"一带一路"国家的投资合作,协同带动区域经济发展,维护区域经济合作的稳定。

二、把握数字经济的新机遇

新加坡数字经济发展基础较好,是亚洲签订数字贸易规则最多的国家,始终位于亚太数字贸易规则的中心。近年来,新加坡积极拓展与各国在数字经济领域的伙伴关系,参与数字经济国际规则构建。2020年6月,新加坡与智利、新西兰共同签署《数字经济伙伴关系协定》(DEPA),并分别于2021年1月和11月正式生效,DEPA是全球首个涵盖数字经济问题的专项协定。DEPA的生效,也标志着数字贸易规则的"新式模板"正式形成。近年来,中国数字经济发展势头强劲,迎来由大到强的转变,成为经济增长的核心增长极之一。当前,中国不仅建成了全球规模最大的光纤网络和4G网络,数字经济竞争力也居全球第三位,其中数字产业竞争力连续四年位居全球首位。

中国数字经济综合发展实力与新加坡发展需求相匹配。在数字经济合作方面,中国与新加坡已具备一定的合作基础,建立了数字经济合作伙伴关系,在数字基础设施、5G、大数据等领域也开展了系列合作。2019年7月24日,中国移动国际公司在新加坡自建自营的数据中心正式投入使用。不仅如此,华为与 TPG 电信在区域 5G 网络方面开展合作，分别在凯德集团创新实验基地、部分新加坡港口部署了 5G 网络。2016—2018 年，阿里巴巴集团累计投入 40 亿美元，控股并增资新加坡本土电商 Lazada。腾讯投资的冬海集团，旗下拥有 Ganera 和 Shopee 两大新加坡本土互联网公司。2021 年，凯德集团、吉宝集团分别在上海、广东收购大型数据中心，投资额分别达 36.6 亿元人民币、6.36 亿元人民币。

总体来看，中国与新加坡在数字经济发展战略上契合，双方在数字经济领域的合作具有较强的互补性。新加坡在数字基础设施、数字技术运用、数字产业发展等方面位于世界前列，可以很好地满足中国庞大的消费市场及对数字经济发展的迫切需求，中国对新加坡数字经济领域的投资前景广阔。

三、积极推进绿色经济的可持续发展

对于气候问题的担忧促使世界各国开始关注发展的可持续性，并加快布局能源的绿色化转型。据亚洲开发银行估计，气候问题或将严重导致新加坡等城市国家 GDP 的降低。气候变化的脆弱性迫使新加坡不得不改变其经济发展和对外合作模式，发展、合作的"绿色化"必将成为应对气候问题的主要方式。鉴于对能源快速增长的需求，推动能源的绿色低碳转型成为中新双方亟待完成的目标。此外，俄乌冲突造成能源市场的动荡所直接暴露出的能源安全漏洞及应对能源供应中断机制的短板也将倒逼世界各国加速传统产业的清洁能源转型，确保能源供应的安全稳定。

新加坡政府于 2021 年 10 月出台的《2030 年新加坡绿色发展蓝图》中，将绿色经济作为蓝图的五大支柱之一，并视其为新加坡经济的新增长点。同时，新加坡是向《联合国气候变化框架公约》提呈长期减排发展策略的前 20 个国家之一，以上种种均可以表明新加坡政府对于发展绿色经济的决心。中国不仅拥有先进的基建技术，在绿色金融发展上也居全球领先水平。为推动绿色发展，中新双方已实施了绿色使者计划，并将 2021 年定为"可持续发展合作年"，可借此大力开拓与深化在可持续金融、绿色能源、可持续城市等领域的合作。因此，中国应全方位拓展投资领域，在原有物流仓储、金融服务、

石油石化等传统产业的基础上，加大对绿色经济等新兴产业的投资力度，顺应新加坡的政策导向，充分发挥自身的优势，改善中国企业对外贸易的产业结构，由初级产业结构向科技含量高、环境污染小、经济效益和回报率高的绿色产业转化，促进中国企业的转型和升级。

参 考 文 献

[1] 高鹏飞，辛灵，孙文莉. 新中国 70 年对外直接投资：发展历程、理论逻辑与政策体系［J］. 财经理论与实践，2019，40（5）：2-10.

[2] 中国对外经济贸易年鉴编辑委员会. 中国对外经济贸易年鉴 1993 中文版［M］. 北京：中国社会出版社，1993：770-773.

[3] 海鸣. 中国民营经济发展研究［M］. 北京：研究出版社，2011：266.

[4] 中国对外经济贸易年鉴编辑委员会. 中国对外经济贸易年鉴 2000 总第 17 期［M］. 北京：中国对外经济贸易出版社，2000：755.

[5] 罗仪馥. "一带一路"国别研究：越南外来直接投资发展报告［M］. 北京：中国社会科学出版社，2020：2-8.

[6] 阮国长，阮明德，李碧华. 在美中贸易摩擦不断升级背景下提高越南—中国投资贸易合作的效果［J］. 东南亚纵横，2019，No. 302（6）：11-13.

[7] 裴长洪. 越南营商环境与中越经贸关系发展分析［J］. 国际贸易，2019，No. 450（6）：4-11.

[8] 詹晓宁，李婧. 全球境外工业园区模式及中国新一代境外园区发展战略［J］. 国际经济评论，2021（1）：134-154＋7.

[9] 邓珊. 对越南国际直接投资法律政策问题研究［J］. 东南亚纵横，2017，No. 290（6）：50-54.

[10] 江天骄. 新型自由贸易协定与越南国有企业的渐进改革：以 TPP 和 CPTPP 为中心［J］. 复旦国际关系评论，2019（1）：185-202.

[11] 任海龙，席芙蓉，钱鹏．绿色技术投资越南相关法律政策研究［J］．中国外资，2021，No.480（9）：46-51．

[12] 白玉华．疫情冲击下中国制造业对越南投资的困境与对策［J］．国际贸易，2020，No.463（7）：33-40．

[13] 张志明，耿景珠，杨攻研等．国际疫情蔓延、全球产业链传导与中国产业链稳定［J］．国际经贸探索，2022，38（2）：51-65．

[14] 覃丽芳．越南对外直接投资：发展历程与投资领域［J］．东南亚纵横，2015，No.272（6）：9-13．

[15] 谢海燕．越南利用中国对外直接投资面临的困境及策略［J］．对外经贸实务，2020，No.381（10）：69-72．

[16] 黄河，陈美芳．中国企业在泰国直接投资现状及政治风险研究［J］．地方财政研究，2015（11）：28-35．

[17] 周威．中国企业在泰国投资的政治风险分析［J］．中国经贸导刊（中），2018（20）：15-16．

[18] 邹宜芳．中国企业赴泰国投资法律风险及对策［J］．红河学院学报，2018，16（5）：50-53．

[19] 曾珠，武留梅．中国企业对泰国直接投资：环境透视、发展困境与应对策略［J］．成都大学学报（社会科学版），2020（1）：24-32．

[20] 惠慧．"一带一路"倡议下泰国中资公司在泰发展的潜力分析［J］．现代商业，2020（9）：44-45．

[21] 邹春萌．企聚丝路海外中国企业高质量发展调查泰国［M］．北京：中国社会科学出版社，2020：77-78．

[22] 中国信息通信研究院．中国数字经济发展研究报告（2023年）［EB/OL］．http://www.caict.ac.cn/kxyj/qwfb/bps/202304/P020230427572038320317.pdf．

[23] Google, Temasek, Bain & Company. e-Conomy SEA 2023: Reaching new heights: Navigating the path to profitable growth [EB/OL]. https://www.temasek.com.sg/content/dam/temasek-corporate/news-and-views/resources/reports/google-temasek-bain-e-conomy-sea-2023-

report. pdf.

[24] 呙小明, 黄森. "一带一路"背景下中国企业对新加坡直接投资的现状与风险分析 [J]. 对外经贸, 2018 (7): 68-70.

[25] 刘光辉. "一带一路"发展下中国和新加坡区域经济合作新格局 [J]. 对外经贸实务, 2019 (7): 38-41.

[26] 米军, 陆剑雄. 中国与东盟国家共建"一带一路"十周年回顾、挑战及发展路径 [J]. 国际经贸探索, 2023, 39 (9): 4-19.

[27] 牛东芳, 张宇宁, 黄梅波. 新加坡数字经济竞争力与全球治理贡献 [J]. 亚太经济, 2023 (3): 95-108.

[28] 商务部国际贸易经济合作研究院. 对外投资合作国别（地区）指南: 新加坡 2022 年版 [R/OL], (2023-09-27) [2023-11-30]. https://www.mofcom.gov.cn/dl/gbdqzn/upload/xinjiapo.pdf.

[29] 王文, 蔡彤娟. "后疫情时代"中国对外直接投资分析——与发达国家比较的视角 [J]. 亚太经济, 2022 (4): 106-113.

[30] 杨悦, 李正阳. "一带一路"在东南亚的十年共建与高质量发展的方向 [J]. 国际论坛, 2023 (10): 1-20.

[31] 张娟. 区域国际投资协定规则变化、成因及全球投资治理的中国方案 [J]. 世界经济研究, 2022 (2): 3-11+134.

[32] 张修诚. "一带一路"背景下中国对新加坡直接投资的机遇和挑战 [J]. 中国商论, 2020 (4): 90-91.

[33] Chan I. Reversing China's Belt-and-Road Initiative—Singapore's response to the BRI and its quest for relevance [J]. East Asia, 2019, 36 (3): 185-204.

[34] THE WORLD BANK, One Belt One Road-Opportunities Risks for Singapore [M], Asian Trade Centre, 2019.

后　记

随着中国对外开放步伐的不断加快，中国企业对外直接投资的范围和领域逐渐扩大，中国对外直接投资取得了显著的成就。越南、泰国和新加坡作为共建"一带一路"国家，近年来吸引了大量中国企业的投资。那么，中国企业对越南、泰国和新加坡的直接投资具备怎样的特征？中资企业在当地的经营发展情况如何？这些都是非常值得关注和探讨的问题。当前，中国企业对外直接投资的国际环境发生深刻变化，新一轮逆全球化浪潮持续高涨，面对不稳定性、不确定性因素进一步增加的国际投资环境，中国企业要更好地利用国际国内两个市场两种资源、更好地融入国内国际双循环，持续推进对外直接投资高质量发展。鉴于此，本书对于海外中资企业经济效益的研究具有十分重要的现实意义。

在共建"一带一路"倡议提出十周年之际，本书的编写工作正式启动。在研究过程中，我们尽可能用联系的、发展的眼光看待问题、分析问题和解决问题。本书共包含三篇报告，采取整体与个体相结合的研究方法，考察了中国企业对越南、泰国和新加坡的投资发展历史及现阶段状况，通过案例分析的方式针对越南、泰国和新加坡代表性中资企业的经营现状展开探究，并对未来中国企业在越南、泰国和新加坡的投资趋势进行了展望。总而言之，中国企业赴越南、泰国和新加坡投资既面临机遇，也面临风险与挑战，本书试图为赴越南、泰国和新加坡投资的中国企业提供一些实践指引。

本书是编写成员集体智慧的结晶，凝结着编写成员的不懈努力与团结协作、编写成员所在单位的大力支持、出版社工作人员的辛勤付出。经过前期的资料搜集工作、中期的报告撰写工作和后期的修改完善工作，本书即将付梓。从明确选题到构思行文框架，从查找资料、交流探讨到逐步成稿，我们满怀热情地投入研究、扎实推进写作进程，在阅读文献、搜集和整理资料、反复打磨文章的研究过程中锻炼成长、不断超越自我。促进海外中资企业高质量、可持续发展是我国实现高水平对外开放面临的重大课题，我们希望本书的研究成果能够对中国企业在越南、泰国和新加坡直接投资的可持续发展起到参考作用。

感谢参与本书策划工作、资料搜集工作、撰写与完善工作、排版与印刷工作的所有人员！衷心感谢对本书编写和出版工作给予大力支持的对外经济贸易大学国际经济研究院各位领导与老师！